Heinz-Detlef Scheer

Reflecting Team Arbeit
in Organisationen

Für meine Kunden, von denen ich immer wieder gerne lerne.

Heinz-Detlef Scheer

Reflecting Team Arbeit in Organisationen

Probleme einfach (auf)lösen im Team

Bibliografische Information der Deutschen Nationalbibliothek:
Die Deutsche Nationalbibliothek verzeichnet diese Publikation in der Deutschen Nationalbibliografie; detaillierte bibliografische Daten sind im Internet über http://dnb.dnb.de abrufbar.

Wichtige Anmerkung des Autors und des Verlages:

Alle in dieser Veröffentlichung enthaltenen Angaben, Ergebnisse und so weiter wurden vom Autor nach bestem Wissen erstellt und von unbeteiligten Fachleuten mit größtmöglicher Sorgfalt überprüft. Gleichwohl sind inhaltliche Fehler nicht vollständig auszuschließen. Daher erfolgen alle Angaben ohne jegliche Verpflichtung oder Garantie des Verlages oder des Autors. Sie garantieren oder haften nicht für etwaige inhaltliche Unrichtigkeiten (Produkthaftungsausschluss).

Es handelt sich hier um die Beschreibung einer Beratungsmethode für Laien. Gleichwohl handelt jeder Leser, der nach der Lektüre diese oder daraus abgeleitete Methoden anwendet, auf eigene Verantwortung und Gefahr.

© 2012 Heinz-Detlef Scheer

2. völlig überarbeitete Auflage 2012 (ursprünglich 1997 erschienen im Verlag Neuer Merkur, München)

Fotos: Heinz-Detlef Scheer

Herstellung und Verlag: BoD – Books on Demand, Norderstedt

ISBN: 978-3-8482-2080-9

Das Buch

Die vorliegende Ausgabe stellt die neue, völlig überarbeitete Fassung des Buches „Erfolgreiche Strategien für starke Teams. Gegenseitige Teamberatung im Betrieb" dar, welches ursprünglich im Verlag Neuer Merkur (München, 1997) erschien und bis Ende 2009 auf dem Markt war. Es stellt eine praxistaugliche Gebrauchsanweisung für kollegiale Beratungsgruppen in Unternehmen und anderen Kontexten dar. Reflecting Teams – wenn sie richtig moderiert werden - sind schnell, preiswert und effektiv – eben genial einfach/einfach genial. Sie führen zu nachhaltig wirksamen und umsetzbaren Lösungsstrategien, die – getragen von der Eigenmotivation des Ratsuchenden – mit hoher Wahrscheinlichkeit auch umgesetzt werden. Achtung: Dies ist *kein* wissenschaftliches Werk. Es ist ein Buch für Praktiker.

Der Autor

Heinz-Detlef Scheer ist gelernter Kaufmann und Diplom-Psychologe und arbeitet seit 1986 als Trainer, Coach und Autor. Zunächst angestellter Mitarbeiter der Personalentwicklung - machte er sich 1991 selbstständig. Er coacht Führungskräfte, Geschäftsführer, Projektingenieure und andere Spezialisten und führt Trainings und Seminare für (Top)-Führungskräfte und (Projekt-)Teams in der Industrie und im Mittelstand durch. Nebenbei schreibt er verhaltensgesteuerte Planspiele für verschiedene Einsatzzwecke. In den letzten Jahren spezialisierte er sich auf das Coaching hochbegabter Erwachsener. Seit 2011 ist Scheer zertifizierter Senior Coach BDP. Den Grundstock seiner Systemisch-Konstruktivistischen Beraterausbildung verdankt er Prof. Dr. Uwe Grau und seiner „Systemischen Beratungsgruppe Kiel", die im Wesentlichen aus Jens Möller, Norbert Rohweder, Prof. Dr. Uwe Grau selbst und wechselnden Kunden bestand. Das Label "Kieler Beratungsmodell" stammt dabei nach Angaben die „Kieler" angeblich von Scheer selbst.

Kontakt: www.scheerconsulting.de oder www.coaching-fuer-hochbegabte.de

Inhalt

Einleitung 11
… und fragen Sie Ihren Arzt oder Apotheker 17
Toleranz, Lob und Komplimente 18

Kapitel I

1 Grundsätzliches 19
1.1 Beratung, Therapie, Coaching und Co 19
1.2 Die Ent-Täuschung zuerst: Euphorie, Genialität und Schaden 22
1.3 Methoden aus der Therapie? 26
1.4 Jenseits des Stammtisches: Professionalität 28
1.5 Der Kunde ist der Kundige und sein bester Experte 31
1.6 Ratsuchende und Berater sind voneinander unabhängige Systeme 32
☯ Nichts bleibt ohne Wirkung: „Only small changes are needed!" 33
1.7 Die Angst des Beraters vor Fehlern 35
1.8 Beratung als „Redekur" 37
☯ Zurück zu den Wurzeln: Zehn theoretische Thesen aus Kiel und deren
    einleuchtend alltägliche Bedeutung 41

Kapitel II

2 Auftragsklärung 47
☯ Warum so viele, die etwas ändern wollen, nichts ändern wollen
(= paradoxe Aufträge) 47
2.1 Die Ziele des Ratsuchenden 49
2.2 Unsere Ziele als Berater 50
2.3 Absolute Diskretion 51
☯ In jedem Problem steckt auch die Lösung 53

Kapitel III

3 Organisatorische Fragen 55
3.1 Rekrutierung des Teams..55
3.2 Rollen..56
3.2.1 Ratsuchender...56
3.2.2 Moderator 57
3.2.3 Interviewer 57
3.2.4 Reflecting Teammitglied..57
3.3 Vorbereitungen...58
3.3.1 Vorbereitung des Teams / Einführung in die Methode.........58
3.3.2 Vorbereitung des Ratsuchenden mit Hilfe von Leitfragen 59
☙ SMART müssen Ziele sein, damit sie erreicht werden können....60
3.3.3 Räumliches Arrangement während der Sitzung..................... 62

Kapitel IV

4 Ablauf der Beratungsrunde 65
4.1 Bericht des Ratsuchenden und Klärung des Auftrags 65
4.2 Interview..66
4.2.1 Forschende Fragen..67
4.2.2 Die Suche nach Unterschieden..69
4.2.3 Offene Fragen...69
4.2.4 Zirkuläre Fragen...70
4.2.4.1 Abwesende zum Sprechen bringen, andere Perspektiven kennenlernen... 70
4.2.4.2 Interessenlagen..70
4.2.4.3 Problembesitz klären...70
4.2.5 Angemessen ungewöhnliche Fragen...................................71
4.2.6 Konstruktivistische Fragen...73

4.2.7 Einsatz von Metaphern.. 79

☯ Fallbeispiel „Maria Theresa" 84

4.2.8 Schlüsselwörter aufgreifen... 86

4.2.9 Wiederholen und Zusammenfassen.. 87

4.3 Modellieren der Problemkonstruktion des Ratsuchenden........................ 88

4.4 Feedback und Hypothesengenerierung durch die Beratergruppe............. 88

4.4.1 Hypothesengenerierung - was steckt hinter dem Problem? 89

4.4.2 Komplimente für die Ressourcen und Kompetenzen des Ratsuchenden 89

4.4.3 Kopfkino der Berater... 90

4.4.4 Systematisierter Perspektivenwechsel der Berater................................. 90

4.4.5 Systematische Verschlimmerung der Lage 91

4.4.6 Reframing... 91

4.4.6.1 Zur Funktion von Problemen... 97

4.4.6.2 Reframing selbst 98

☯ Ein Reframing Klassiker: „Der Schiri pfeift für die anderen!".................. 99

4.5 Kommentar des Ratsuchenden... 103

4.6 Klärungsfragen... 104

4.7 Lösungsstrategievorschläge der Berater 105

4.8 Sharing... 108

4.9 Nach der Beratung ist vor der Beratung? 109

Kapitel V

5 Visualisierungen 113

5.1 Visualisierungen des Ratsuchenden... 113

5.2 Visualisierungen der Berater.. 114

5.3 Dokumentation 115

5.4 Versuche der Unternehmensleitung via Dokumentation Einfluss zu nehmen..116

Kapitel VI

6 zusätzliche Beratungs"techniken" ………..………..…………………… 117
6.1 „Münz"- oder „Taschensoziogramm"…..………...…..….…..………… 117
6.2 Lebenslinie.....….……..…..……………………………………………… 120
6.3 Interventionen / Hausaufgaben..……………………………..…………… 122
6.4 Humor in der Beratung………..……...………………………………..... 122
6.5 Mutwillige Mehrdeutigkeit von Ratschlägen……..………..…………… 123
6.6 Mutwillige Uneinigkeit im Team.……………………………………… 124

Kapitel VII

7 Theoretischen Perspektiven……..………..………………………….. 125
7.1 Die systemische Perspektive…..………..………………………………….. 127
7.2 Die konstruktivistische Perspektive ……………………….…..…………… 129
7.3 Irritation als Rettung……………………………………………………130

Kapitel VIII

8 Zu guter Letzt: „Misserfolge"…...………..………………………………. 133

Anhang …………………………………………………………………….. 142
Dank an meine Community…………………….…...……………………….143
Literatur…………..…..………..………………………………………….. 148
Ablauf – Spickzettel……..…………………………………………………… 153
Leitfragen zur Vorbereitung für den Ratsuchenden………..…..…………….. 155
Zielführende Fragen und hilfreichen Bemerkungen für die
Beratergruppe in den verschiedenen Phasen (Spickzettel)……..…………........156
Glossar..……..…..………………………………………………………….. 163

Einleitung

Der Bedarf an funktionierenden und einfachen – quasi voraussetzungslosen – und gleichzeitig kostengünstigen Beratungsansätzen ist ungebrochen.
Diese Anleitung eignet sich für Laienberater und Profi-Berater gleichermaßen. Sozusagen entweder als Einführung in eine Methodik, mit der Laien nicht viel falsch machen können. Oder als Anregung für Profis, den Kopf und dessen Aufmerksamkeit immer mal wieder auf eine effektive und einfache Grundhaltung auszurichten, bevor es in eine Beratungsrunde geht. Oder doch mal eine ungewohnt schnelle und direkte Technik auszuprobieren, die sich in der Praxis viele Tausende Male bewährt hat.
Hierbei geht es darum, dass eine Gruppe von etwa 4-5 Menschen, *die sich in der Regel nicht mit Beratungstechniken auskennen*, eine(m) Ratsuchende(n) zu einem entscheidenden Schritt weiter verhilft. Sie begleitet die (den) Ratsuchende(n) auf dem Weg von einem von ihm selbst (re)konstruierten (entdeckten) Problem zu einem von ihm selbst gewählten und/oder konstruierten Ziel. Es gibt immer wieder Situationen, in denen er/sie sich das aus irgendeinem Grund alleine nicht zutraut. Deshalb könnte man diesen Ansatz als Gruppencoaching bezeichnen. Die Gruppe coacht hier allerdings den Ratsuchenden, nicht ein Coach eine Gruppe, was auch oft mit dem Ausdruck Gruppencoaching gemeint ist.
Keines der berichteten Praxis-Beispiele ist erfunden, aber sie sind so erzählt, und teilweise so zusammengesetzt, dass es eines exzellenten Hellsehers erforderte, um die Personen zu identifizieren. Und Hellseher haben im Zusammenhang mit dieser Art Beratung zu betreiben, absolut nichts zu suchen.
Heute – gut 30 Jahre nach meinem ersten Kontakt und den ersten Gehversuchen mit Methoden des systemischen Konstruktivismus, hat sich im allgemeinen Denken wider Erwarten kaum etwas verändert. Ein Denken ohne Schuldzuweisungen, dazu

noch lösungs-, nicht problemorientiert, hat in vielen Köpfen immer noch keinen Platz.

Rache- und Sühnegedanken stecken sehr tief im mitteleuropäischen Denken und bestimmen unsere alltägliche Kommunikation, nicht nur in Unternehmen. Immer noch sorgen sie dafür, dass wir unser Denken einschränken und es auf andere richten, die scheinbar an unserem Schicksal schuldig sind, anstatt auf uns. Hier geht es darum, unsere Ressourcen, Kompetenzen und Lösungen für uns selbst (und andere) zu nutzen.

Deswegen ist es immer wieder ein erfrischendes Erlebnis-, wenn Teilnehmer solcher Runden von den befreienden Effekten berichten, die sie erleben, wenn sie im eigenen Kopf, statt sich auf Racheaktionen und Bestrafungsentwürfe („Dem zahle ich es heim!") zu konzentrieren, den Weg freimachen für die Lösung, die sie selbst wirklich weiterbringt.

Mittlerweile gibt es auch wissenschaftliche Hinweise wie die Dissertation von Kim-Oliver Tietze, der deutliche Hinweise darauf gefunden hat, dass die Arbeit im Reflektierenden Team die Arbeitsbelastungen der beteiligten Laienberater senken kann. Dies bestätigen die Erfahrungen des Autors mit weit mehr als 1.500 bisher in verschiedenen betrieblichen Kontexten durchgeführten Beratungsrunden á la Reflecting Team und insgesamt circa 20.000 durchgeführten Runden seiner Kollegen bei allein einem Auftraggeber in den letzten gut 25 Jahren.

Diese Art der Arbeit an „Problemen" macht Spaß, macht Lust auf Problem-(auf)lösung, schärft die Wahrnehmung für die Beziehungsebene in der Kommunikation, intensiviert den Erfahrungsaustausch, wahrt die Distanz, die erfolgreiche professionelle Beratung braucht, bei gleichzeitig intensiver Zusammenarbeit eines problemlösenden Teams. Diese Arbeit fördert immer wieder erstaunliche Ergebnisse zutage. Und das praktisch ohne jede Voraussetzung bei den Teilnehmern solcher Runden. Betroffene werden zu Beteiligten. Die oft genug kontraproduktiven, machtbezogenen Expertenhaltungen werden aus dem gemeinsam von Beratern und Ratsuchenden gebildeten Beratungssystemen und deren Entwicklungsprozessen zugunsten des Kunden herausgehalten. Dies ist eine Art miteinander zu sprechen und/oder umzugehen, deren Erfolg u.a. in der Erleichterung seitens des Rat-suchenden und dem Wissenszuwachs seitens der Berater besteht. Es ist eine spezielle Kunst so und nicht anders miteinander umzugehen, die von tiefem Respekt der Person des Ratsuchenden und von wenig Respekt gegenüber sogenannten „Problemen" gegenüber gekennzeichnet ist.

Wenn dieses Buch Lust darauf macht, „Probleme" in „Lösungen" zu verwandeln, hat es seinen Zweck erfüllt. Das Buch sollte ursprünglich den Untertitel „Version 1.0" bekommen, um darauf hinzuweisen, dass jeder mit dieser Idee machen kann, was er will, aber nur mit einer Grundhaltung, die nicht beliebig ist, um deren Effektivität zu gewährleisten. Ein bisschen „zurück zu den Wurzeln" also, denn auch auf diesem Gebiet gibt es eine Menge „Verschlimmbesserungen" über die vielen Jahre. Und es wäre natürlich der rein werblich motivierte Versuch gewesen, Menschen zum Kauf dieses Buches zu bewegen, die normalerweise keine Bücher (mehr) kaufen, sondern ihre Freizeit eher in der oder mit der Version eines Computerprogramms verbringen. Zusammenfassend stimmt immer noch-, was vor siebzehn Jahren schon der Anlass für das erste Buch „Erfolgreiche Strategien für starke Teams" war: Es ist ganz einfach sogenannte „Probleme" (aufzu)lösen und es bedarf nur weniger einfacher Prinzipien, um zugunsten der Beratungskunden erfolgreiche Lösungen für lästige Probleme zu entwickeln. Dass dahinter trotz aller Einfachheit keine Stammtischüberlegungen, sondern langjährige Beratungserfahrung und theoretische Auseinandersetzung stecken, sollte selbstverständlich sein. Dies ist keine wissenschaftliche Abhandlung, sondern eine pragmatische Gebrauchsanweisung. Hier und da weise ich lediglich interessierte Leser auf Literaturstellen hin, die helfen, das theoretische Verständnis zu vertiefen oder andere Aspekte beleuchten, als ich es hier tue. Ich hoffe, die Argumentationen bleiben trotzdem nachvollziehbar und erfüllen für den Beratungsalltagsanspruch ihren Zweck.

Die alltagspragmatische Herausforderung steckt hier sowieso nach wie vor weniger in der Komplexität des jeweiligen Problems und meistens nicht in der sehr einfachen Methode, sondern in den Köpfen der Berater, der kollegialen Coaches und in den Denkgewohnheiten, Blockaden und Tabus des Kunden.

Angetrieben vom Vorbild des genialen Vereinfachers und Therapeuten Jürgen Hargens, dessen Veröffentlichungen ich immer wieder eine gewisse „Eichung" meiner Bemühungen als Coach verdanke, habe ich mich gezwungen, ein für meine Verhältnisse extrem knapp formuliertes Buch zu schreiben. Damit meine Leser es als Spickzettel in der Praxis nutzen können. Ich hoffe, es ist mir gelungen. Manchmal macht es aber auch Sinn, Dinge mehrfach und verschieden auszudrücken, um eine gewisse Passung des Gesagten mit dem Empfänger desselben zu gewährleisten – sofern das überhaupt möglich ist. Besonders ungeduldige Menschen mögen mir dies verzeihen.

Und die kreativen, extrem schnellen Köpfe mancher (hochbegabter) Menschen mögen mir verzeihen: Ich beschreibe hier mit Absicht und mit gutem Grund quasi das „Urmodell" dieser Beratungstechnik, die auf einer langen Auseinandersetzung mit systemischem und konstruktivistischem Gedankengut und seit Jahrtausenden kaum veränderten erkenntnistheoretischen Fragen basiert. Mit Jürgen Hargens bin ich einer Meinung und ich müsste es eigentlich beklagen – wenn ich in meinem viel zu kurzen Leben Zeit dazu hätte. Dass „systemisches Denken" im Zuge einer für „Methoden" wohl üblichen „Inflation" immer mehr auf „richtige Methoden" reduziert wird, (und damit oft seine gesamte Effektivität, seinen gewissen Charme als fast „nondirektive" Beratung, seine theoretisch-praktische Begründung und damit quasi seine eigene Grundlage eingebüßt hat), ist schon eine Klage wert. Die intensive Auseinandersetzung mit erkenntnistheoretischen Fragen bringt erst die nötige „Unsicherheit" und ist Voraussetzung für die wiederum notwendige Sicherheit bei der Verstörung von Problemkonstruktionen zugunsten des Ratsuchenden.

„Sichere Verstörung" erst versetzt einen in die Lage, zu helfen, den Möglichkeitsraum für einen sich selbst als eingeengt rekonstruierenden Ratsuchenden so zu erweitern, dass dieser sich in einem für ihn genügend großen Denk- und Handlungsspielraum wiederfindet. In dem er sich schließlich so entfalten kann, wie er meint, dass es für ihn angemessen ist. Das bedeutet aber wiederum für eine „naive" Anwendergruppe eben nicht, dass die sich wissenschaftlich orientierten erkenntnistheoretischen Fragen stellen muss, um erfolgreich zu beraten. Für solch eine alltäglich reflektierende Gruppe reicht es auf dieser Basis, einige wenige Spielregeln zu beachten. Die stabile Erkenntnis, welches Verhalten dann und warum eigentlich zu dem besonderen Erfolg dieser Methode führt, stellt sich von ganz allein ein. Dies ist jedenfalls die Erfahrung meiner Kollegen und mir.

Viele „neue" oder „weiterentwickelte" Methoden engen die Ergebnismöglichkeiten für den Ratsuchenden erheblich ein, während sie den Handlungsraum für den Berater scheinbar erweitern. Da es nicht um den Berater, sondern um den Ratsuchenden geht, verzichtet diese Erläuterung bis auf wenige Ausnahmen auf alle „Weiterentwicklungen" und zusätzlichen methodischen Varianten.

Auf der anderen Seite halte ich es mittlerweile mit Tom Anderson (den „Urvater" der Idee des reflektierenden Teams) und Jürgen Hargens, auch in dieser Hinsicht auf den therapeutischen, und damit besserwisserzentrierten, Ansatz gänzlich zu verzichten. Somit sind natürlich alle möglichen anderen, anders (re)konstruierten Möglichkeiten ebenso möglich und schon gar nicht „verboten". Je offener der Beratungsprozess verläuft, desto besser für den Ratsuchenden und seine Regie über seine Lösungen. Wer also Ideen hat, diesen Ansatz mit „technischen" Finessen zu erweitern und dabei im Sinne des Ratsuchenden mehr als im eigenen Expertenverständnis sprechdenkend tätig ist, sei herzlich eingeladen, dies zu tun. Ansonsten gilt - ganz in

Sinne einer fast buddhistischen Einstellung zum Expertentum: Der Experte ist tot. Es lebe der Anfänger! Nur offene Fragen bringen wirklich mehr Raum, geschlossene Fragen schließen auch das Denken ein. Patentlösungen sind manchmal patent und manchmal Lösungen. Aber zu oft haben sie mit dem „Problem" des Ratsuchenden gar nichts zu tun, sondern sehen lediglich schön aus und bieten vielleicht in Ihrer Kompliziertheit eine gewisse Würdigung des „komplizierten" „Problems" des Ratsuchenden. Meist aber nur eine Rechtfertigung für die Ansprüche des Beraters, dem einfache Ideen peinlich sind, weil sie vielleicht die eigene Fachkompetenz nicht angemessen abbilden könnten. Besser wäre, er würde sich immer wieder, und vor jeder Sitzung klar darüber werden, dass Ratschläge vor allem Schläge sein können.

Und noch etwas: Sollte jemand trotz mehrfacher Bemühungen und kontrollierender Durchsichten des lektorierten und vom Fachmann korrigierten Textes Schreib-, Tipp- oder andere sprachliche Fehler gefunden haben, kann er sie gerne behalten. Ich brauche sie nicht mehr.

Bremen, im Sommer 2012 *Heinz-Detlef Scheer*

… und fragen Sie Ihren Arzt oder Apotheker!

Eine genial einfache Beratungsmethode, die spektakuläre Effekte zeigt, kann nur von Menschen entwickelt worden sein, die zutiefst menschlich denken und handeln, denen Akzeptanz, Respekt vor dem anderen Menschen, Toleranz Andersdenkenden gegenüber, teilweise brennende Neugier auf alle menschlichen Phänomene Charaktermerkmal und Programm zugleich ist. Ich habe in meinem Leben viele davon kennengelernt. Sie stammen aus allen gesellschaftlichen Schichten, auch aus den frech und manchmal geradezu dumm und herablassend „bildungsfern" genannten, aus Geschäftsführungskreisen, aus dem mittleren Management und Künstlerkreisen und aus aller Herren Länder. Von allen kann man lernen, alle haben etwas zu sagen. Man muss nur hinhören (wollen). Nicht geeignet ist diese Methode für Menschen, die in der Regel alles besser wissen als ihre Mitmenschen. Die rein logisch/ theoretisch nach technisch orientierten perfekten Lösungen suchen, ohne den ganz individuellen Menschen zu berücksichtigen, der so eine „Lösung" umsetzen muss. Aber auch nicht für Menschen, die anstatt selber nachzudenken, gerne irgendwelche „höheren" Mächte einsetzen, die sie dann als „Erklärung" für eigenes Handeln missbrauchen. Denn diese Methode funktioniert auf eine Art und Weise streng logisch und gleichzeitig geradezu bodenständig, analog-assoziativ und intuitiv. Die, die besser wissen, was für andere gut ist als diejenigen selbst und das deswegen mit pädagogischem Anspruch, teilweise sogar mit pädagogisch begründetem Zwang, durchsetzen wollen, sollten ebenso die Finger davon lassen. Ihre Beratung wäre nicht dienlich im Sinne der Hilfe zur Selbsthilfe. Souveränität erlangen wir Menschen nur (wieder), wenn wir in die Lage kommen, uns selbst helfen zu können, OHNE Helfer.

Toleranz, Lob und Komplimente

Gerade im Oktober 2012 habe ich wieder einen aufgeklärten Mann sich empören hören, dass jemand anderes im Publikum einer Veranstaltung „Toleranz" gefordert oder doch wenigstens erwartet hatte. Er sagte dazu fast zornig: „Toleranz" sei ein herablassender Begriff, er beinhalte „die Abwertung des anderen, den ich vorgebe, tolerieren zu wollen!"

Was man hier vielleicht nicht auf Anhieb versteht, hat einen gewissen logischen Charme: Wenn ich jemanden toleriere, entscheide ich, dass ich das tue. Das ist genauso wie mit Lob: Ich lobe jemanden, also maße ich mir an, ihn in seiner Leistung beurteilen zu können. Weil ich es besser kann als er? Oder mit Komplimenten: Ich mache Komplimente, weil ich beurteilen kann, ob irgendetwas eines Komplimentes wert ist oder nicht.

Soweit, so logisch. Aber abgesehen von der Frage, ob Menschen tatsächlich immer logisch funktionieren, ist mir bis heute kein einziger Fall bekannt, dass Menschen an einer Überdosis Lob, Komplimenten oder Toleranz gestorben sind oder schwer zu Schaden kamen. Menschen sind auch nicht so dumm, jemanden wegen seiner Toleranz als den eigenen Herrn und sich selbst als dessen Diener zu definieren. Von einem Freund, den ich seit Langem kenne und von dem ich weiß, dass er ein exzellenter Seemann ist, lass ich mich gerne loben, wenn mir ein schwieriges Manöver gelingt. Wenn er mich für ein gelungenes Gericht lobt, weiß ich das genauso zu schätzen, eben weil er nicht kochen kann. Wo ist das Problem?

Dass es Menschen gibt, die versuchen, andere mit Lob zu bestechen, heißt nicht, dass wir Lob nicht mögen. Wir brauchen Lob und Anerkennung wie die Luft zum Atmen! Und dass meine Frau ganz einfach toleriert, dass ich einen Beruf habe, der mich mehr als 150 Tage im Jahr nicht zu Hause sein lässt, das genieße ich sogar, **obwohl** ich es gleichzeitig als Bedingung unserer Beziehung ansehe.

Kapitel I
1 Grundsätzliches
1.1 Beratung, Therapie, Coaching und Co.

Coaching, Therapie, Beratung, Supervision, Seelsorge und andere denkbare Formen der zwischenmenschlichen Unterstützung kann man zweifellos auf mehreren hundert Seiten gegeneinander abgrenzen und diskutieren. Das ist bestimmt in gewissen Kontexten auch sinnvoll. Hier beschränke ich mich darauf darzulegen, wozu man ein Reflecting Team tatsächlich braucht.

Das Reflecting Team ist ein Coaching-Ansatz insofern, als er meist im beruflichen Kontext des Ratsuchenden angesiedelte, klar abgrenzbare „Probleme" behandelt und sich in keiner Weise explizit auf die Veränderung der Persönlichkeit des Ratsuchenden selbst bezieht. Gesucht wird nach alternativen Handlungsmöglichkeiten, nach der Erweiterung des Denk- und Handlungsspielraumes des Ratsuchenden. Denn dieser ist, wenn das Coaching beginnt, unzufrieden mit seiner derzeitigen Lage. Da Coaching im Allgemeinen allerdings eine Einzelberatungssituation meint, müsste man die Arbeit im Reflecting Team eigentlich „Gruppencoaching" nennen, denn wie schon erwähnt: Die Gruppe coacht den einzelnen Ratsuchenden. Genau dies, und nichts anderes, ist hier gemeint.

Der Begriff „Reflecting Team" lehnt sich dabei vor allem an die Entwicklungen von Mara Selvini-Palazzoli in Mailand der siebziger Jahre des letzten Jahrhunderts an (vgl. zum Beispiel „Paradoxon und Gegenparadoxon" oder „Der entzauberte Magier"). Oder an die Entstehung des „reflektierenden Teams" in der Beratungs-arbeit des Norwegers Tom Andersen (Tom Andersen (Hrsg.): Das Reflektierende Team, verlag modernes lernen Borgmann KG, 1990). Und an das „Kieler Beratungsmodell", welches unter der Leitung von Prof. Dr. Uwe Grau in den Achtzigern des letzten Jahrhunderts in Kiel entstand und unter anderem in dem Buch „Erfolgreiche

Strategien zur Problemlösung im Sport" bei philippka, 1990, beschrieben ist. Diese Art der Arbeit hatte sich im klinischen und schulischen Bereich schon bald über die ganze Welt verbreitet.

Ich selbst habe mit Prof. Dr. Uwe Grau gemeinsam mit der „Systemischen Beratergruppe Kiel" systematische und sehr erfolgreiche Versuche bei einer großen deutschen Versicherung und in anderen Unternehmen unternommen, diese Methode in der Management-Beratung einzusetzen. In dem Versicherungsunternehmen, für das ich damals als Personalentwickler arbeitete, und für das dieses Angebot das erste Coaching-Angebot überhaupt für Führungskräfte gegen Ende der achtziger Jahre wurde, wurde diese Art der problemauflösenden Arbeit schnell ein beliebtes Beratungsangebot der Personalentwicklung. So gut wie alle Beteiligten waren von der Einfachheit und der Wirksamkeit überrascht und schier begeistert.

Der fachlich informierte Leser wird nicht überrascht sein: Dies Buch enthält nichts wirklich Neues, sondern es ist eher als geistige Entschlackungskur gedacht. Viele Veränderungen von Kollegen haben der Methode – wie bereits erwähnt - nicht immer wirklich gut getan, sondern sie ihren Charme der Einfachheit gekostet. Sie hat dadurch teilweise ihre Genialität und vor allem Wirksamkeit verloren.

Es kann unter bestimmten Bedingungen zu „Verschreibungen" bis hin zur „paradoxen Intervention", zu „paradoxen Verschreibungen" also, durch das Team kommen. Aber dann müssen die Bedingungen exakt stimmen. Und im Grunde ist selbst bei solchen Verschreibungen schon der Laie überfordert. Ihm fehlt in der Regel die Erfahrung und das Hintergrundwissen, solche Interventionen „sicher" zugunsten des Ratsuchenden anzuwenden! Erwähnt werden sie hier und da eben als Hinweis auf weiterführende Literatur, weil es geradezu Spaß macht, sich mit solchen Methoden zu beschäftigen. Dazu möchte ich anregen. Die einfache und vor allem gefahrlose und Erfolg versprechende Umsetzung dieser Gebrauchsanweisung soll damit möglichst wenig „gestört" werden. Wie bei allen „Erweiterungen" und „angeflanschten" zusätzlichen Methoden und Techniken. Umso mehr Ausnahmen vom ursprünglichen Ansatz gemacht werden, desto mehr ähnelt so eine Beratungsrunde ganz schnell solch unsäglichen Beratungssendungen wie „Fragen Sie Dr. Erwin!" oder ähnlich betitelte „Experten"-Runden. Dem Problem folgt unmittelbar ein „Rat-Schlag", egal ob es sich dabei um eine tatsächlich passende Lösung handelt oder nicht. Mit einer gewissen Wahrscheinlichkeit trifft es dann manchmal tatsächlich ins Schwarze. Dabei ist die Wahrscheinlichkeit aufgrund der Erfahrung des Ratgebers häufig höher, als die Vorhersagekraft eines Horoskopes. Allerdings bleibt ebenso häufig fraglich, ob der Ratsuchende tatsächlich in der Lage ist, diesen Vorschlag, an dessen Entwicklung er in der Regel gar nicht beteiligt wurde, auch umzusetzen. Im Sinne Tom Andersens ist und bleibt also „Coaching" ein Dialog zwischen zwei Systemen (dem des Ratsuchenden und dem des Beraters) in einem zeitlich begrenzt geschaffenen gemeinsamen System (Beratungssystem) über ein „Problem" oder besser über eine bestimmte (Re)konstruktion von Geschehnissen oder „Wirklichkeit", die für den, der sich Ratsuchender nennt, belastend wirken und die der andere, der sich in diesem Kontext meist „Coach" oder „Berater" nennt, zugunsten des Ratsuchenden verändern soll.

Ein reflektierendes Team ist also ein Team, das Dialoge beziehungsweise Multiloge über solche Dialoge führt. So entsteht vor allem und im Vordergrund aus einer Meta-Perspektive heraus eine kreative Ideen-Produktionsmaschine, welche den Ratsuchenden mit alternativen Sichtweisen und Deutungen seines „Problems" versorgt.

Viel muss man gar nicht berücksichtigen, um den Ratsuchenden Kunden, souverän oder Souverän bleiben zu lassen. Denn der tut nach der Beratung sowieso, was er will. Ob wir ihn nun so oder anders „coachen". Dann kann er das auch in vollem Bewusstsein, die Regie zu führen und nicht unsere Aufträge auszuführen, tun. Denn das hat mehr Aussicht auf Erfolg!

Wir alle haben es schon einmal erlebt, in irgendeiner Situation: Wir brauchen aus irgendeinem Grund einen guten Ratschlag, einen Tipp und vertrauen uns jemandem an (Eltern, Lehrer, Freunde, Chef, Kollege, et cetera). Noch bevor wir das Problem überhaupt ausführlich genug geschildert haben, kommt der Ratschlag. Wir hören uns die genialsten Vorschläge an, tolle Ideen ... aber für uns? Für uns ist das nichts! Frustriert lassen wir den Rest des Gesprächs über uns ergehen, meist sowieso eher einen Vortrag des Ratgebers, als wenn er uns eine Pauschalreise verkaufen möchte in einen Ort, der uns nicht besonders überzeugt, und bleiben auf dem Problem sitzen. Wie kommt das?

Ganz einfach: Was für einen Berater, der wie immer er auch in die Situation, Berater zu sein, geraten ist (als Freund, Lehrer, Eltern, und so weiter) einmal gut funktioniert hat, muss noch lange nicht für einen anderen in einer völlig anderen Lebenssituation funktionieren. Im Grunde genommen wäre dieses nur Zufall oder einfach Ausdruck von Magie. Allerdings nicht im Sinne dieser einfachen Methode des Reflecting Teams, sondern genial im Sinne eines wohl auch schon früher eher nur als Wunschbild existierenden Alchemisten, der einem rechtzeitig einen preiswerten Zaubertrank zur Lösung aller Probleme braute, wenn man ihn brauchte. Also: Genial irreal und nutzlos.

1.2 Die *Ent-Täuschung* also zuerst: Euphorie, Genialität und Schaden

Wir wollen hier nicht von gut ausgebildeten Therapeuten mit jahrelanger Erfahrung sprechen (die vermutlich auch nicht im Schnellschussverfahren Ratschläge absondern), sondern von Alltagsratschlägern, beispielsweise von Vorgesetzten oder gut meinenden Kollegen, Freunden und Bekannten.
Viele Chefs glauben von sich, sie seien Chef geworden, weil sie fachlich so gut sind. In vielen Fällen mag das sogar stimmen. Zumindest eben, was ihre fachliche Kom-

petenz angeht. Bei zwischenmenschlichen Problemen kommen einem da schon manchmal Zweifel.

Wer aus dem Selbstverständnis heraus Ratschläge verteilt, er müsse immer den besten Rat geben können (zum Beispiel, weil er als bester Fachmann zum Chef befördert wurde), läuft ständig Gefahr, Plattheiten von sich zu geben, die immer „wahr" sind. Vergleichbar höchstens mit der Qualität eines Fernsehzeitschriftenhoroskops.

Ein plattes Beispiel:

Problem: "Ich habe mit meinem Mitarbeiter X Schwierigkeiten!" Antwort: "Dann müssen Sie mal mit dem vernünftig reden, dann kommt das schon wieder ins Lot (... das mach ich auch immer so!)!" Aha!

Dieser Ratschlag ist bestimmt nicht verkehrt. Nur weiß der Ratsuchende nun, was er zu tun hat? Wohl kaum! Aber das Gespräch ist sozusagen sinnvoll abgelaufen: Auf eine Frage, ein Problem, folgt auf dem Fuße die Antwort, die Lösung. Aber was hilft es?

Ein anderer Fall:

Auf die Problemschilderung eines Mitarbeiters kommt (meist noch, kurz bevor das Problem überhaupt erschöpfend dargestellt ist), wie aus der Pistole geschossen, ein ausgefeilter Ratschlag: "Da machen Sie Folgendes: Erst einmal ..., dann ... und wenn dann ..., dann, ... !"

Diese Art des Ratgebens würde theoretisch funktionieren, wenn der Ratgeber ein absoluter Experte wäre. Aber wofür? Streng genommen müsste er ein Experte nicht nur für das theoretische Problem seines Ratsuchenden sein, sondern auch für dessen Fähigkeiten, dessen Lebenserfahrungen, dessen emotionale Lage, dessen Wertesystem und so weiter. Im Grunde ist der Berater hier schlicht überfordert, denn er müsste ein Klon seines Kunden sein und gleichzeitig mit dessen Möglichkeiten übersteigenden Fähigkeiten ausgestattet.

Diese Beispiele mögen ausreichen, um zu demonstrieren, dass die Dienstleistung "einen genialen Ratschlag erteilen", bei Weitem für die meisten Menschen eine Überforderung darstellt.

Menschen sind keine "trivialen Maschinen"[1], zum Beispiel wie ein Zigarettenautomat. Man steckt oben etwas hinein, und unten kommt dann, wenn man es richtig gemacht hat, in der Regel die gewünschte Packung Zigaretten heraus. Ein defekter Zigarettenautomat ist gar kein Zigarettenautomat mehr, denn wir definieren seine Existenz über seine Funktion. Diese folgt einem fest definierten Weg, den derjenige, der ihn konstruiert hat, ihm ein für alle Mal vorgegeben hat. Was der Zigarettenautomat aus seiner Sicht dazu sagen würde, finden wir allerdings nicht heraus und es interessiert uns auch nicht. Was der Zigarettenautomat wohl davon hält, wenn wir die Diagnose „defekt" stellen, obwohl wir ihn nur falsch bedient haben? Wir werfen immer wieder das falsche Geld ein und ärgern uns über den defekten Automaten, der keiner mehr ist und dem wir damit sogar seine Existenzberechtigung abspenstig machen, weil er keine Funktion mehr hat, die wir (aufgrund unserer (Un)kenntnis) von ihm verlangen. Aus seiner Sicht wären wir die Deppen und könnte er reden, würde er uns darauf hinweisen. Der Mensch ist glücklicherweise keine triviale Maschine, was jeder weiß, der schon einmal versucht hat, seine Kinder, seine Frau, seinen Mann, seine Mitarbeiter, seinen Lebensgefährten oder andere Menschen zu beeinflussen. Nach dem Motto: Wenn ich das tue, dann tut er das. Und zwar immer, wenn ich es will. Glücklicherweise ist dem nicht so. Menschen sind unendlich vielschichtig (jedenfalls, wenn man sie „einfach" nur führen, oder gar verändern, will beispielsweise) und kaum jemals eins zu eins und schon gar nicht leicht zu beeinflussen.

---

[1] In Anlehnung an den Begriff von v. Foerster. Der Mensch ist keine "triviale Maschine", die immer gleich funktioniert, weil sie als solche konstruiert sich selbst nur über die Funktion definieren lässt. Ein Mensch ist ein Mensch, auch wenn er nicht mehr "richtig funktioniert".

Stellen Sie sich vor, Sie kommen wie jeden Tag ins Büro und gehen an der Tür ihres Kollegen vorbei, dem sie jeden Morgen ein "Moin, moin!" im Vorübergehen zuwerfen. Wissen Sie wirklich, wie er reagieren wird?

Sicherlich nicht, denn eines Tages ist ihm „eine Laus über die Leber gelaufen", und schon reagiert er ganz anders als gewohnt. Woher sollten Sie von dieser speziellen Laus wissen? Können Sie Gedanken lesen? Nein, der Kollege ist keine triviale Maschine (und Sie sind kein Prophet).

Was können wir dann noch tun? Müssen wir dann nicht als Ratgeber resignieren?

Nein, natürlich nicht, es gibt viel zu viele Menschen, die vor Hilfe und Unterstützung an sich kapitulieren, weil sie damit überfordert sind. Was vermutlich daran liegt, dass sie meinen, sie müssten die richtige Lösung liefern, denn sonst könnten sie gar nicht helfen!

Wir sind soziale Wesen, wir sollten also helfen, uns als Gesprächspartner zur Verfügung stellen. Wir sollten uns auch in etwas Bescheidenheit ob unserer Genialität als Ratgeber üben, um genial bleiben zu können. Das Problem der immer wiederkehrenden und frustrierenden Versuche liegt voll auf der Seite der Beeinflusser, nicht der zu beeinflussenden Menschen. Gerade Unternehmen scheinen manchmal "triviale Trivialisierungsmaschinen" sein zu wollen, vielleicht eine Folge der Summierung der Bemühungen trivialisierter Mitglieder, was vermutlich oft als "Bemühung um das Aufstellen und Aufrechterhaltung einer für alle Beteiligten positiv wirksamen Ordnung (Ziel zum Beispiel: „Gerechtigkeit")" missverstanden wird. Das Ergebnis ist dann allzu oft nur eine triviale Gerechtigkeit für triviale Maschinen, die aber die Nerven der meisten nicht trivialen Beteiligten aufreibt. Weil sie letztlich keinem der beteiligten Menschen in seiner Einzigartigkeit tatsächlich gerecht wird.

1.3 Methoden aus der Therapie?

Fast alle Beratungsansätze kommen aus der "Therapieszene". Von unterscheidbaren sogenannten Therapieschulen gab und gibt es eine ganze Anzahl sich gegenseitig bekämpfender Richtungen, die alle jeweils die Weisheit mit Löffeln gefressen zu haben glauben. Auch wenn es inzwischen eine gewisse „Ökumene" zwischen den Glaubensrichtungen zu geben scheint.

Für mich ist eine radikal systemisch-konstruktivistische Grundhaltung eine passende und gleichzeitig angemessene Methode zur Problem(auf)lösung. Allerdings ohne Absolutheitsanspruch. Es ist einfach die Methode, mit der ich vom Kopf her und aus meiner Erfahrung heraus die allerbesten Erfahrungen gemacht habe. Auch im Sinne des regelmäßig guten Feedbacks meiner Kunden.

Tom Andersen betont mehrfach im Buch *Spiel der Ideen* von Jürgen Hargens und Arist von Schlippe, dass es sich vor allem und im Besonderen bei dieser Art von Beratungsmethoden um eine *Haltung* und weniger um eine *Methodik* geht. Im Geleitwort formuliert er drei Leitlinien für ihn in seiner immer wiederkehrenden Funktion als Mitglied eines Reflektierenden Teams. Sinngemäß sagt er, dass er (1) über etwas spekuliert, was er im Gespräch des Kunden mit der Therapeutin[2] gehört oder gesehen hat. Dass er (2) alles, was er hört, aber nicht alles, was er sieht, kommentiert und (3), dass er, wenn er mit dem gesamten Beratungsteam in einem Raum ist, allen zwar erzählt, welche Erfahrungen er mit welchen „Regeln" gemacht hat, zum Beispiel wann wer mit wem redet, und wer dabei wen anschaut oder nicht (Seite 9 und 10). Er belässt es aber dabei, um niemandem irgendwelche Vorschriften zu machen. Im Rahmen einer für alle Beteiligten offenen Kommunikation soll jeder von jedem befruchtet, jedoch nicht instruiert werden. Viele Bücher durchzieht die Diskussion

---

[2] Hier wird offenbar eine Methodik vorgezogen, die nicht nur die Rolle „Ratsuchende" und „Beratungsgruppenmitglied", sondern auch „InterviewerIn" (= „TherapeutIn") enthält.

darüber, wie man durch Dialoge über Dialoge, also durch Metakommunikation, das Kunststück bewältigen könnte, den Kunden zu beeinflussen quasi ohne ihn zu beeinflussen. Den ratsuchenden Kunden also dazu zu bringen, sich weiterzuentwickeln oder auch gerade nicht, aber das, weil es seiner eigenen Regie entspringt, und nicht, weil man es ihm gesagt oder vorgemacht oder sogar vorgeschrieben hat. Ich werde meine Leser mit dieser speziellen Diskussion um erkenntnistheoretischen Gewinn oder Verlust für oder anstelle des Kunden und mit Nutzen für ihn, den Coach (oder Therapeuten), oder für den Kunden, für den diese Dienstleistung gedacht ist, in diesem Buch nicht belästigen. Die anderen, die interessiert daran wären, bitte ich um Entschuldigung. Dem neugierigen, erkenntnistheoretisch interessierten Laien, der keine Angst vor scheinbaren Widersprüchen und keine Angst vor Freiheit in jeder Hinsicht hat, oder Angst davor in Freiheit den Halt zu verlieren, dem empfehle ich dringend die Literatur, die ich größtenteils nicht korrekt zitiere, sondern als „weiterführend" am Ende des Buches empfehle.

Therapieerfolgsuntersuchungen zeigen immer wieder, dass es gar nicht so sehr auf die Methode, sondern vielmehr auf die Haltung des Therapeuten beziehungsweise die Beziehung zwischen Therapeut und „Patient" ankommt (beispielsweise die Zusammenschau von Siegfried Greif von 2008). Und in der Tat bin nicht nur ich der Ansicht, dass es sich bei dem gesamten systemisch-konstruktivistischen (Re)konstruktionskontext von Wirklichkeit eher um eine Haltung, denn um abgrenzbare „Techniken" in der Beratungsarbeit handelt. Was die ganze Sache durchaus anspruchsvoller machen kann. Denn wer sich nicht an Techniken festklammern kann, wenn sein Kopf unbewusst und unkontrolliert und vor allem sein Bauch in eine ganz andere, zum Beispiel direktive, besser wissende therapeutisch-expertenhafte, macht-(kampf)bezogene Haltung wechseln möchte, kann sich eben nicht wie selbstverständlich auf seine Haltung verlassen. Er ändert sie, verlässt die vielleicht schwierig zu betretende Welt seines Kunden und begibt sich auf das Glatteis des herausgeforderten Experten, der jetzt („endlich!") dem Kunden sagt „wo Bartel den Most holt"[3].

In der Wirklichkeit der kollegialen Konkurrenz um die Therapieweisheit zeigen sich immer noch die gefletschten Zähne derjenigen, die über den Tellerrand ihrer eigenen Methoden nicht hinwegzuschauen in der Lage sind und deshalb den eigenen Standpunkt für den allein selig machenden halten.

Um es gleich und deutlich auszudrücken: Von denjenigen, die im Zuge der Ausübung von "Therapie" leicht größenwahnsinnigen Allmachts-Fantasien zum Opfer fallen, will ich gar nicht erst reden. Ich möchte auf allgemein bekannte Phänomene eingehen, die aus der Tatsache resultieren, dass der eine (meist Therapeut genannt) den anderen therapiert (meist Patient genannt).

Zudem beziehen sich die im folgenden beschriebenen Fallen, deren Wahrscheinlichkeit des Auftretens die im Anschluss beschriebene Teamberatung drastisch verringert, auf Therapeuten, die, um es einmal so auszudrücken, keine gute Ausbildung genossen haben, unachtsam sind und sich mehr der eigenen scheinbaren Vollkommenheit hingeben als dem Wohl ihrer Patienten, Klienten oder Kunden.

1.4 Jenseits des Stammtisches ist Professionalität unerlässlich.

Könnte man irgendwie und mithilfe irgendeines Gespräches erfolgreich Probleme lösen, hätte ich mir die Mühe sparen können, dieses Buch zu schreiben. Ein bisschen arbeiten müssen Sie schon dafür, dass das Ganze Erfolg hat.

Die Menschen, die einen Stammtisch haben, können sich glücklich schätzen! Stellen Sie sich vor, Sie kommen nach einer wirklich mies gelaufenen Woche an Ihren

---

[3] Ein wohl eher norddeutscher Ausdruck, der mir hoffentlich verziehen wird, der in etwa bedeutet, „jetzt zeige ich es ihm, wo es langgeht!". Ein „Ausrutscher", wenn man auf der Basis der hier kurz umrissenen Grundgedanken des Systemischen Konstruktivismus „beraten" möchte.

Stammtisch: Die anderen sind vielleicht schon da und sehen Ihnen sofort an, dass Sie im Büro Ärger hatten. Was passiert? Routinemäßig - Sie haben den Mantel noch gar nicht ausgezogen - werden Sie erstens aufgefordert, sich zu setzen, nachdem Sie mit großem Hallo begrüßt wurden. Zweitens fordert man Sie auf, Ihrem Ärger Luft zu machen. War es der Chef oder die Kollegen? Sie erzählen und fühlen sich wohl dabei. Ein paar andere geben ähnliche Geschichten zum Besten. Langsam regen Sie sich wieder ab, genießen ein paar Biere in Gesellschaft von Gleichgesinnten und gehen schließlich nach Hause. Sie sind froh, dass Sie gute Freunde haben und Sie sind alkoholbedingt entspannter als vorher. Das Wochenende kann beginnen! Toll! Nur mit Ihrem Problem sind Sie vermutlich keinen Schritt weitergekommen. Und vielleicht läuft das sogar jede Woche nach dem gleichen Schema ab. Sicher: Zufällig bekommen Sie schon mal den einen oder anderen nützlichen Tipp serviert, tatsächlich ist ein Stammtisch ja auch gar nicht dazu gedacht, systematisch Probleme zu besprechen.

Viele Menschen haben sogar eine ausgesprochen starke Abneigung gegen "Problemgespräche" und würden das am Stammtisch gar nicht dulden. Das ist ja wohl auch gar nicht die wichtigste Funktion eines Stammtisches. Verstehen Sie mich nicht falsch: Ein Stammtisch ist etwas Schönes! Da erhält man Trost, Zuwendung, menschliche Wärme, Solidarität, und so weiter und das ist sehr wichtig für uns. Menschen, die so etwas gar nicht bekommen, verkümmern schlicht seelisch und eventuell auf die Dauer auch körperlich!

Nur: Systematische Problemlösung ist in solch lockerer Runde meist nicht möglich, dafür, wie Sie weiter unten sehen werden, ist es so einfach, die Fallen eines Stammtisches zu umgehen. Einige seien hier genannt:

Bevor einer ausreden kann, tischt ein anderer eine ähnliche Story auf. Nicht auf eine tragfähige Lösung für den Ratsuchenden kommt es an, sondern eher darauf, dass alle Beteiligten gleichmäßig beteiligt werden und interessante, spannende Geschichten erzählen. Hier bildet allerdings einen wichtigen Effekt die Einsicht: Ich bin nicht allein, solche Probleme gibt es öfter. Auch das kann schon sehr hilfreich sein, nur nicht im Sinne einer systematischen Lösung des Problems. Nicht auf den Inhalt der Erzählungen allein kommt es an, sondern auch sehr stark auf die Wirkung durch besonders gut oder humorvoll erzählte Geschichten.

Schon bald, nachdem einer ein Problem präsentiert hat, geht es gar nicht mehr um das Problem oder den "Ratsuchenden", sondern irgendeine ähnliche Geschichte hat sich als Dauerdiskussionsgegenstand verselbstständigt und wird lange hin- und her diskutiert. Völlig ohne Bezug zum ursprünglichen Probleminhaber.

Schon bald, nachdem das Problem mehr oder weniger konkret beschrieben wurde, verliert sich die Diskussion im Allgemeinen und Abstrakten, bis schließlich die Regierung für das Wetter und die Grünen für das Ozonloch verantwortlich gemacht werden.

Deswegen sollten Sie darauf achten, dass Sie sich durch Beachtung einiger Spielregeln aus dem Bereich des sinnvollen, wichtigen, aber nicht unbedingt zielführenden Stammtisches heraus auf systematisierte, gezielte Problemlösungswege begeben, mithilfe dieser Spielregeln etwas Professionalität entwickeln und den Ratsuchenden dabei unterstützen, umsetzbare, tragfähige Lösungen für SEINE Praxis zu entwerfen.

Also: Was ist nun anders an dieser Art, Beratung zu treiben? Die wesentlichen Punkte stelle ich Ihnen auf den nächsten Seiten als "Kontrastprogramm" dar. Dabei nutze ich teilweise übertriebene Kontraste, um deutlich zu machen, was die Merkmale erfolgreicher Beratung im Sinne des Ratsuchenden sein können.

Wenn Sie irgendetwas nicht auf Anhieb verstehen, macht das gar nichts. Im Gegensatz zum Glaubenssatz "Was Hänschen nicht lernt, lernt Hans nimmermehr!" können Sie sich einfach die Freiheit nehmen, etwas erst beim zweiten Lesen zu "verstehen", von selbst zu "begreifen", das "Problem" des Verstehens einfach zu ignorieren oder auf den unfähigen Autor schieben.

1.5 Der Kunde ist der Kundige und sein bester Experte.

Wir gehen davon aus, dass Menschen im Allgemeinen wissen, wie es ihnen geht. Wenn jemand sagt, es gehe ihm gut, warum sollen wir dies nicht glauben? Es könnte ja sein, dass wir meinen, wenn es uns so ginge wie ihm, dann ginge es uns nicht gut. Aber was hat das mit unserem Gegenüber zu tun, wenn er sagt, es gehe ihm gut? Natürlich kann es sein (es scheint einiges aus meiner professionellen Erfahrung als Psychologe dafür zu sprechen), dass es Menschen gibt, die nicht wissen, wie es ihnen geht oder es nicht formulieren können oder wollen. Nur, was nützt es einem effektiven Beratungsprozess, wenn der Berater als erstes Misstrauen gegenüber seinem Kunden signalisiert? Ein Mensch, der sagt, es gehe ihm gut, der wird für genau diese Aussage einen Grund haben. Mich als Berater beunruhigt vielleicht die Tatsache, dass ich "weiß", wie ich mich an der Stelle meines Kunden fühlen würde und ich glaube zu wissen, das wäre anders und würde mir gar nicht gefallen. Im Grunde gehört dies aber ins Gebiet des Gedankenlesens (von einer hervorragend fabrizierten [Psycho-] Diagnostik einmal abgesehen),
Wir schließen, nicht nur in diesem Zusammenhang, allzu oft von uns auf andere. Diesen Fehler gilt es zu vermeiden, denn er ist einer der wichtigsten Fehler, wenn wir als Eltern, Vorgesetzte und so weiter mit Kindern, Mitarbeitern, Kollegen oder auch mit Vorgesetzten Beratungsgespräche führen, wenn wir um Rat gebeten werden am Stammtisch, im Verein, unter Freunden.
Dass wir damit eher zufällig helfen, nämlich nur dann, wenn der Zufall es wollte, dass für unseren Ratsuchenden das gilt, was auch für uns gilt, wird uns meist nicht bewusst. Menschen sind glücklicherweise zu verschieden, menschliche Kommuni-

kation meist viel zu komplex, als dass ein Experte kommen könnte, der sagt: "Dreimal täglich ...!" und dann geht es uns wieder besser. Leider, leider funktioniert das nicht oder nur scheinbar, was in meinen Augen noch schlimmer ist, denn zurück in seiner eigenen (hoffentlich nicht total trivialisierten) Realität hat der ratsuchende Mensch, der gerne an Wunderheilungen oder an die Allmacht sogenannter Experten glauben würde, meist das Nachsehen. Zum Glück also funktioniert es nicht, denn streng genommen müssten wir dann alle - wie gesagt – triviale Maschinen sein.

Wir vertrauen also zusammengefasst darauf, dass der Kunde weiß, was er will, zu seinen Gunsten handeln wird und sich seine Ziele souverän selber setzt (wenn das nicht gerade sein Ziel ist, das (wieder) zu können). Und dazu nehmen wir dann den entsprechenden Berateraufrag an.

1.6 Ratsuchender und Berater sind voneinander unabhängige Systeme.

Stellen Sie sich vor, Sie befinden sich seit einigen Monaten in Therapie. Zum Beispiel weil Sie mit dem Verlust einer für Sie sehr wichtigen und von Ihnen geliebten Person nicht alleine fertig geworden sind. Sie haben sich immer mehr zurückgezogen und schließlich Schwierigkeiten am Arbeitsplatz bekommen. Die Therapie hat das Ziel, Sie wieder selbstständiger denken, entscheiden und handeln zu lassen. Während dieser Zeit besprechen Sie alle wesentlichen Dinge mit Ihrem Therapeuten. Wenn Ihr Therapeut (und Sie) nicht aufpassen, lernen Sie paradoxerweise - sozusagen nebenbei - keine wesentlichen Entscheidungen mehr ohne Ihren Therapeuten zu treffen. Das passiert als klassischer Kunstfehler zum Beispiel mit Therapeuten, die sich nicht unter Supervision (also sich selbst quasi „therapeutisch" überwachen lassen) begeben und / oder sich selbst nicht genügend von der Geschichte ihrer Patienten distanzieren können.

Dieser Effekt wird dadurch verstärkt, dass Sie aus Ihrem Rollenverständnis heraus als Patient, dem es nicht gut geht, und der vermutlich nicht genau weiß, was mit ihm los ist, tendenziell eine hilflose Haltung einnehmen, während der Therapeut, herausgefordert in seiner Rolle als Experte für seelische Krankheiten einerseits und für Methoden zu deren Bekämpfung andererseits, eben als Ihr Helfer auftritt und vermutlich ebenso davon ausgeht, dass Sie eher hilflos sind und deswegen seiner Hilfe bedürfen.

Und so kann man sich an sich gegenseitig gewöhnen…

Wenn Sie also als „Laien" einen alltäglichen Problemlöseanspruch (vielleicht bald sogar mit Problemlöselust!) haben, ohne anderen ihre eigenen Weltbilder aufzudrücken, sind Sie willkommen im Club der bescheidenen, aber effektiven, alltäglichen Berater bei alltäglichen "Problemen". Sie können viel Zeit, Geld und Energie sparen, das Betriebsklima verbessern, Menschen besser kennenlernen, Gruppen entwickeln und motivieren.

Unter Nutzung der Ideen toller Kollegen, netter Freunde oder anderer interessanter Menschen und unter Wahrung der Souveränität ihrer Beratungskunden.

Wichtig ist, dass Sie anerkennen – von vornherein und für den gesamten Prozess, dass Ratsuchender und Berater voneinander unabhängige Systeme sind, die lediglich für einen bestimmten Zeitraum ein gemeinsames Beratungssystem bilden, aus dem am Ende wieder beide als je unabhängiges System hervorgehen sollen. Es sollen keinerlei Abhängigkeiten entstehen wie in schlechten Therapien oder anderen unreflektierten Beziehungen.

◉ Nichts bleibt ohne Wirkung: „Only small changes are needed!"

Ich möchte noch einmal auf Steve De Shazer zurückkommen und den ihm zugeschriebenen Ausspruch: „Only small changes are needed!", der sich erstens auf die empfohlene Bescheidenheit von Beratern/Therapeuten bezüglich ihres Allmachtsanspruchs bezieht und zweitens auf die eigenverantwortliche Weiterentwicklung von Kunden/Patienten, nachdem wir ihnen einen Ratschlag gegeben haben. Ratschläge bestehen nicht nur zum großen Teil aus Schlägen (RatSCHLÄGEN), wenn wir nicht aufpassen, sondern werden auch, meistens viel zu umfassend formuliert, meistens für einen zu großen Zeitraum nach unserer Beratung und manchmal beinhalten sie sogar ganze mehrstufige Verfahren des Musters „Erst das, dann das, dann das". Damit hat es aber eine besondere Bewandtnis: Ich möchte ja, dass sich etwas verändert, deswegen gebe ich ja einen Rat. Und so richtet sich der mehrstufige Rat selbst: Tritt eine Veränderung nach dem ersten Schritt ein, und das will ich im Normalfall, dann verändert sich auch zwangsläufig eine Menge den Ratsuchenden umgebende Faktoren (Menschen, Bedingungen, et cetera), dadurch kann aber der zweite und der dritte Schritt streng genommen nur noch durch Zufall zum gewünschten Ziel führen, denn er passt nicht mehr zu der den Ratsuchenden umgebenden Realität! Ich müsste dann also bei jedem Teilschritt nachsteuern, um nicht einem selbst gemachten Misserfolg zu erliegen. Das gilt für den Berater ebenso wie für den Ratsuchenden! Also kann ich auch gleich auf dieses Risiko verzichten und den ERSTEN SCHRITT so konstruieren, dass dieser wenigstens Erfolg hat, also eine geplante Veränderung, wenn auch in bescheidenem Rahmen, auslöst. Den Rest kann der Ratsuchende, der ja, außer unter dem Einfluss unseres Gespräches, noch anderen Einflussgrößen unterliegt (seinen Moralvorstellungen, dem Einfluss seiner Freunde und Verwandten, seinen Arbeitsverträgen und Richtlinien, seiner Religion, seiner politischen Überzeugung und so weiter), selbst erledigen, er liefert das Potenzial zum Nachsteuern in seinem Sinne selber. Und wenn der Berater tatsächlich im Sinne seiner Kunden handeln will, muss er akzeptieren, dass seine Ratsuchenden nach dem Besuch bei uns sowieso machen, was sie wollen.

Die Veränderungen, die sich aus einem an sich kleinen Impuls ergeben, entwickeln sich zum Ratsuchenden passend, und das ist ja eigentlich, was wir als erfolgreiche Berater wollen: dass sich der von uns Beratene aufgrund unseres Anstoßes in eine für ihn richtige, passende, erfolgreiche Richtung entwickelt. Wenn wir in seinem Leben zusätzlich noch eine relevante Rolle spielen, zum Beispiel dessen Kollegen, Freunde, Vorgesetzte, et cetera sind, werden wir mit einiger Wahrscheinlichkeit erleben, dass sich etwas zu unseren Gunsten entwickeln kann. Sollte sich etwas gegen unsere vitalen Interessen entwickeln, was eher unwahrscheinlich scheint, sollten wir dringend darüber nachdenken, welches Problem WIR haben. Vielleicht brauchen WIR dann eine Beratung.

1.7 Die Angst des Beraters vor Fehlern.

Manche Situationen sind Menschen unangenehm. Oder sie benehmen sich einfach nicht „zielführend". So geht das natürlich auch Therapeuten, Beratern und Coaches. Für einen Vorgesetzten, der ein Beratungsgespräch mit seinem Mitarbeiter führen möchte, weil er sich um ihn Sorgen macht oder sich bestimmte Verhaltensweisen nicht erklären kann, gilt dasselbe: Oft sind die Bedenken groß, ob man mit dem, was man da zu hören bekommt, überhaupt umgehen kann. Vielleicht nimmt der Mitarbeiter Drogen, oder er hat massive Schwierigkeiten mit seiner Familie, seiner Frau oder Schulden? Manche Vorgesetzte fangen deshalb ein solches Gespräch gar nicht erst an. Sie würden es nur tun, wenn sie den Eindruck hätten, sie hätten für jedes möglicherweise auftauchende Problem auch eine Lösung parat. Nur wer kann einen solchen Anspruch wohl ernsthaft erfüllen?
Oft steckt einfach nur die Angst, etwas falsch zu machen, dahinter. Oder die Angst, der sich entwickelnden Gesprächssituation nicht mehr Herr werden zu können.

Wenn ich kein Therapeut sein möchte, der mit Patienten arbeiten muss, kann ich versuchen, mich als Berater zu definieren und meinen Gesprächspartner als Kunden. Je mehr ich mich als Berater definiere, desto weniger muss sich mein Gesprächspartner als Patient sehen. So entsteht eine gegenseitige Rollendefinition in Richtung zweier gleichberechtigter Gesprächspartner, die ein Problem konstruktiv und effektiv lösen.

Der Gegensatz dazu: Es gibt den "allwissenden Problemlöser Vorgesetzten", von dessen Fähigkeiten alleine es abhängt, ob ein anstehendes Problem gelöst wird oder nicht. Oder eben einen allmächtigen Therapeuten in einer aktiven Rolle auf der einen Seite und einen ohnmächtigen Patienten (zu Deutsch etwa: der „Leidende") in einer passiven, bestenfalls reagierenden Rolle, meist sogar gehorchenden, auf der anderen Seite.

Anders ausgedrückt: Therapeutisches Verhalten fordert Patientenverhalten geradezu heraus, umso mehr, als der Patient sich selbst in der Rolle des Patienten gefällt, weil er eben für diese Rolle vom Therapeuten "belohnt" wird. Denn der Therapeut zeigt erst sein ganzes fürsorgliches Verhalten, wenn der Patient Patient ist und nicht, wenn es ein beliebiger "gesunder" Mensch ist, der diese Fürsorge gar nicht nötig hat. Umgekehrt verhält es sich genauso: Der Therapeut wird in seiner Eigenmotivation erst gefordert und schon dadurch belohnt, dass er um Hilfe angegangen wird, die wiederum, zumindest, wenn sie erfolgreich ist, mit einer gehörigen Portion Dankbarkeit belohnt wird. Insofern braucht der Therapeut zur Aufrechterhaltung seines Selbstbildes und seiner Existenzberechtigung schlechthin "Patienten" und keine ganz "gesunden" Menschen.

Dasselbe Schicksal blüht dem Vorgesetzten, der sich erst dann um die Beziehungsebene zu seinem Mitarbeiter bemüht, wenn dieser ihm sein Versagen oder zumindest seine angstbesetzte Unvollkommenheit zeigt. Der Chef, vor allem aus einem allzu oft vorhandenen Selbstverständnis des besser wissenden Experten heraus, beginnt quasi sein „Hilfsprogramm" zu fahren, um schließlich dem Mitarbeiter zu helfen, die Leistung zu bringen, die er von ihm erwartet.

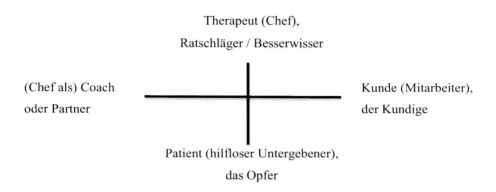

Abb1: Das Verhältnis von Therapeut zu Patienten und vom Coach zu Kunden. Das ist nicht immer so, aber zu bedenken. Die latente Gefahr besteht so wie die Chance.

1.8 Beratung als „Redekur"

Aus den vorherigen Überlegungen heraus ergibt sich zwangsläufig auch, dass der Coach nie jemand sein kann, der endgültige Lösungen anstelle seines Kunden produziert und den Kunden damit in der passiven reagierenden Rolle belässt.

Wie in einer guten körperlich orientierten Kur sorgt der Arzt (hier der Coach oder die Beratungsrunde) dafür, dass die Bedingungen hergestellt oder eingehalten werden, unter denen sich die Selbstheilungskräfte des Patienten (Kunden) so entfalten können, dass sie wirksam werden im Sinne der Heilung des Patienten (der Problem(auf)lösung für den Kunden).

Ein guter Coach sorgt immer dafür, dass der Kunde selbst aktiv wird, sich selbst Ziele setzt, die er auch mit einer gewissen Wahrscheinlichkeit erreichen kann. Und er hilft ihm dabei, diese Ziele auch erfolgreich zu verfolgen, indem er ihn dazu anregt, effektive und angemessene Wege zu (er)finden.

Er wird also immer nur Impulse setzen, die hoffentlich zum Kunden passen, nie Rezepte verteilen, an die sich der Kunde zwangsmäßig halten muss. Die zentrale Aufgabe des Coaches ist es, sich soweit der Wirklichkeits(re)konstruktion seines Kunden zu nähern, dass es ihm überhaupt möglich wird, Lösungsvorschläge, Strategievorschläge oder Umdeutungsvorschläge zu machen, die der Kunde annehmen und / oder entsprechend modifizieren kann, weil sie im Großen und Ganzen bereits zu ihm passen.

Die bei unreflektierten Beratern beliebte Floskel: „Sie müssen das alles ganz anders machen ... Schauen Sie mal: ...!" ist nicht nur fehl am Platze, sondern wirkt oft sogar schädlich und wird in diesem Zusammenhang bestenfalls als durch eigene Verzweiflung des Coaches hervorgerufene Provokation des Kunden gewertet.

Der Kunde ist einzigartig und großartig, er hat schon viel geschafft. Nun ist er lediglich nicht in der Lage, mit einem gut eingegrenzten Thema angemessen umzugehen. Das ist alles. In diesem Sinne ist er ein hochkarätiger Partner des Coaches und eben gerade nicht sein (ohnmächtiger) Patient!

Beratung als Redekur ... ich bin mir nicht ganz sicher, wer diesen Ausdruck zuerst ins Spiel gebracht hat, ich meine Jürgen Hargens - aber das ist für mich ein ganz wesentlicher Aspekt. Sprache konstituiert Welten. In dem wir über die Welt sprechen, konstruieren wir sie (neu). Die Art und Weise, wie wir über sie sprechen, bestimmt die Eigenschaften der Welt, in der wir infolge unserer Beschreibung derselben leben (müssen).

Mittlerweile sind sich nicht nur die hartgesottenen systemischen Konstruktivisten, sondern auch Hirnforscher und andere Philosophen einig: Was uns als Person ausmacht ist unsere persönliche (Entwicklungs)geschichte. Und diese ist eine (Re)konstruktion unseres Hirnes dessen, was es wahrgenommen hat, als andere und vor allem wir selbst ihm diese Geschichte(n) erzählt haben. Unser Gedächtnis trügt und das mag den einen traurig machen. Den Coach macht es glücklich, weil es bedeuten kann, dass die Person, die aus berichteten Geschichten und aus berichteten Geschichten über diese Geschichten als Entität besteht, aber nicht als ausgestattet mit einem irgendwie zwangsläufig inhärenten und absoluten „Sinn" und womöglich dessen Bedeutung im Sinne von „Wert für…" existiert, deutlicher veränderbar ist, als wir gemeinhin annehmen. Nämlich durch die Veränderung der berichteten Geschichten über die Geschichten zur Entstehung ihrer selbst! Einfacher ausgedrückt: „Es ist nie zu spät, eine schöne Kindheit gehabt zu haben!" Dieser Spruch geht meines Wissens auf Ben Furman zurück, einen finnischen Psychiater, der ihn auf dem Rückspiegel einer Harley Davidson entdeckt haben will. Man könnte auch als zweiten Hilfssatz formulieren „Objects in the mirror may appear closer than they are!", was wiederum nach einem Song von Meatloaf tatsächlich auf Rückspiegeln nicht nur der Harley steht und deutlich macht: Unsere Vergangenheit ist uns näher als das viele von uns wahrhaben wollen. Aber sie ist eben nicht nur nah, sondern auch jederzeit änderbar durch veränderte Geschichten über unsere persönliche Geschichte, die andere uns und wir uns selber auch erzählen können. Was für einige wenige noch ein philosophisch-erkenntnistheoretisches Fragezeichen ist – nämlich ob das gesamte Problem nur die Beschreibung einer Existenz oder die Existenz selber betrifft, mag interessant sein, braucht uns in unserem Zusammenhang allerdings nicht zu beunruhigen. Was für unseren Coachingkontext im Zusammenhang mit dem Reflecting Team relevant ist, ist die Umkonstruierbarkeit von allem Geschehen, dem wir ausgesetzt sind und waren, und das uns ärgert, ausbremst, scheinbar verhindert und so weiter. Wir können verändern und zu unseren Gunsten beeinflussen. Letztlich entscheiden wir selbst, wie glücklich wir sind. Keine wirklich taufrische, dafür die meisten Menschen immer noch verblüffende und von vielen vehement zurückgewiesene Sichtweise der Dinge.

Was auf den ersten Blick immer noch für viele Menschen eher wirr klingen mag oder geradezu ver - rückt, erscheint vielen anderen Menschen, die gewohnterweise tatsächlich eher systemisch-konstruktivistisch denken, geradezu banal. Ein ganz einfaches Beispiel mag illustrieren helfen, worum es geht:

Zwei Personen haben gleichzeitig an derselben Versammlung teilgenommen. Direkt im Anschluss an diese Versammlung werden sie von einem Journalisten nach der Atmosphäre während dieser Versammlung befragt.

Der eine Gesprächspartner schildert seine Überraschung, dass so viele andere Sprecher seiner Meinung gewesen seien und über deren konstruktiven Vorschläge, wie das entdeckte Thema zum Wohle aller angegangen werden könnte. Er freut sich auch über Ideen, die er selber noch nicht gehabt hat und die er beim weiteren Vorgehen bedenken wird. Er vermutet, dass es aufgrund der guten Stimmung bald zu einer einvernehmlichen Lösung kommen wird.

Der andere Gesprächspartner beschreibt die vielen Fehler und Unvollkommenheiten, die die Sprecher in ihrer Argumentation seiner Meinung nach gemacht haben oder zum Ausdruck gebracht haben, und die doch starke Unterschiedlichkeit, ja Unvereinbarkeit der geäußerten Ideen so vieler Sprecher. Er verleiht seiner starken Sorge Ausdruck, dass es nicht so schnell wie er gehofft hatte zu einer Lösung aller erfassten Probleme kommen wird und dass die Gefahr besteht, dass je länger eine Lösung auf sich warten lässt, die Lage immer dramatischer werden wird. Er befürchtet das Schlimmste und gibt sich einer eher depressiven Stimmung hin. Er fühlt sich leer und kraftlos. Er wird kaum handeln können in diesem Zustand.

Beide waren zwar auf derselben Versammlung, befinden sich danach trotzdem in vollkommen getrennten Welten. Einerseits bedingt durch die verschieden fokussierten Wahrnehmungen, andererseits durch deren Manifestation durch Sprache, mithilfe derer sie diese Wahrnehmungen (sich selbst) beschrieben haben.

In den allermeisten Fällen wird es möglich sein, über die Art und Weise, wie über etwas gesprochen wird, die Bedeutung dessen, über das gesprochen wird, fundamental zu verändern. Ein ganz wesentlicher „Kunstgriff" in der Beratung, wie ich sie in diesem Buch beschreibe. Denn je nachdem, wie ich ein- und dasselbe Geschehen bezeichne, folgen andere unterscheidbare Handlungsentwürfe mit wiederum unterscheidbaren Ergebnissen und Bedeutungen. Es entsteht also eine deutliche Erweiterung meines Handlungsspielraumes, meiner Möglichkeiten. Diese zentrale Dienstleistung wird weiter unten unter dem Stichwort „Reframing" noch ausführlicher beleuchtet werden.

☯ Zurück zu den Wurzeln: zehn „theoretische" Thesen aus Kiel[4] und deren einleuchtende alltägliche Bedeutung

1. Ein soziales System wird definiert durch seine Mitglieder, die über „kommunikative Akte" Sinn und Grenzen des Systems konstituieren.

Ein System ist zum Beispiel Ihre Arbeitsgruppe, sind Ihre Mitarbeiter oder die Mitarbeiter mit ihren Kunden. Die Sinngebung besteht zum Beispiel darin, dass der eine Verkäufer, der andere Kunde ist. Die Grenzen des Systems werden durch die Mitglieder zum Beispiel durch einen Kollegen, der sich mit einem anderen darauf einigt, dass der „Vertrieb" eine von den Kunden und dem „Innendienst" getrennt zu betrachtende Gruppe ist, definiert. Eine neuerdings radikal veränderte Sichtweise, die neue Grenzen von Systemen mit sich bringt, ist die Einsicht, dass „Kunden" und „Vertrieb" möglicherweise, wenn sie als zu einem System gehörig betrachtet wer-

---

[4] Formuliert in den 80er Jahren von der „Systemischen Beratergruppe Kiel", Originalformulierungen

den, sehr viel effektiver und zum Wohl beider zusammenarbeiten können. „Kommunikative Akte", also zum Beispiel das Gespräch darüber, wer zu einer Gruppe gehört und wer nicht, können auch während einer Beratungssitzung dazu führen, dass ein Ratsuchender, der eben noch seinen „Problemmitarbeiter" und sich selbst als das relevante problematische „System" abgesteckt und thematisiert hat, zu der Erkenntnis kommt, dass zu dem problematischen System wohl die gesamte Arbeitsgruppe von sieben Personen gehört.

2. Als soziales System können beliebige Gruppen von Menschen betrachtet werden. Die einzelnen Mitglieder werden als psychische Systeme bezeichnet.

3. Jedes System ist in ständiger Veränderung begriffen.

Alle möglichen Bedingungen verändern sich. Systemmitglieder wachsen, lernen, diskutieren über neue Marketingstrategien, und so weiter. Die Mitglieder werden älter, die Ansprüche ändern sich, Gesetze, Arbeitsbedingungen auch. Die einen werden reich, die anderen nicht, der eine entwickelt ein Magengeschwür, der andere nicht. Streng genommen ist ein System, das sich nicht mehr ändert, tot.

4. Eine Veränderung bei einem Mitglied kann Veränderungen bei allen anderen in Relation stehenden Mitgliedern bewirken.

Wenn sich einer ändert, zum Beispiel eine bestimmte Rolle (Witzemacher, Streber, Rowdy, und so weiter) ablegt, dann hat das auf andere Auswirkungen, ob die es sich anmerken lassen oder nicht, ob die es merken oder nicht. Beispiel: Jemand steigt aus der Lottogemeinschaft aus, kommt nicht mehr zu spät, fängt wie ein Wilder an zu arbeiten, verweigert die Arbeit, heiratet und kommt deswegen nicht mehr jede Woche zum Sport oder überhaupt nicht mehr zum Junggesellen-Stammtisch. Allein die Tatsache, dass jemand älter wird, zwingt seine Umgebung, sich, wenigstens von Zeit zu Zeit, genau damit auseinanderzusetzen.

5. Der jeweilige (rekonstruierbare = beobachtbare)[5] Systemzustand ist die einzige derzeit mögliche Anpassung an alle das System anregenden Umweltimpulse.

Anmerkung: Dies ist nicht der Tod jedes freien Willens! Denn der freie Wille beziehungsweise zumindest dessen Einfluss, wenn er auch manchmal gering wirkt, hat schließlich und endlich genau zu diesem und keinem anderen Zustand geführt!)

Wie eine Gruppe von Menschen sich verhält, verhält sie sich aus ihrer Sicht heraus optimal. Wenn ein Verein zur Mitgliederwerbung Anzeigen aufgibt und nicht Einzelgespräche an der Haustür führt, dann macht er das, weil er es nach Abwägung von Für und Wider für die beste Lösung hält. Ob das, von außen betrachtet, nun auch so ist oder nicht, spielt keine Rolle. Man kann auf jeden Fall davon ausgehen, dass eine Gruppe von Menschen nicht mutwillig etwas Zweitbestes oder gar Sinnloses tut.
Es sei denn, die Sinnlosigkeit ist gerade der Sinn, wie zum Beispiel bei einem Clown.
Geht einer hin und bringt seine Frau um, ist das sicherlich nicht in Ordnung, er ist zu verurteilen, und die meisten meinen auch zu bestrafen. Diese Diskussion findet auf der Ebene der Moral, der subjektiv vereinbarten Gesetze und so weiter statt. An sich

---

[5] Anmerkung des Autors: Das System steht nur in der Beschreibung durch einen Beobachter scheinbar still! Im Grunde hat sich das System natürlich schon wieder verändert, wenn die Beobachtung abgeschlossen oder zum Beispiel jemandem mitgeteilt wurde.

lässt sich wohl schon behaupten: Wenn dem Mörder etwas anderes eingefallen wäre, hätte er etwas anderes gemacht. Von seiner Warte aus war der Mord die einzig mögliche Lösung. Selbst, wenn er in den Sekunden nach der Tat bereits bereut. Ob wir das nun schön finden oder nicht.[6]

6. Der jeweilige Systemzustand ist immer eine subjektive Rekonstruktion durch einen Beobachter: Jede Erkenntnis ist beobachterabhängig.

Was der eine so sieht, sieht der andere so. Wer für den einen insgesamt „unberechenbar" ist, ist für den anderen „flexibel". Für den einen „langsam", für den anderen „bedacht". Für den einen „kreativ", für den anderen „chaotisch". Das heißt: Was jemand tatsächlich „ist", hängt nicht von ihm selbst ab, sondern von dem, der ihn beschreibt. Genau dieses Phänomen machen wir uns bei der gegenseitigen Beratung im Team zunutze: Die einseitige, möglicherweise nur belastende und einzige Sichtweise des Ratsuchenden wird ergänzt durch die Sichtweise aller anderen Anwesenden und durch deren Diskussion zusätzlich entstandener Sichtweisen, mithilfe derer sich unter Umständen eine komplett neue „Wirklichkeit" zusammenstellen und sinnvoll beschreiben lässt.

---

[6] An dieser Stelle - meinen Sie vielleicht - sollte eine Diskussion über die Unterscheidung rationalen Handelns auf der einen Seite und einer Affekthandlung auf der anderen Seite stattfinden. Dies würde den Rahmen dieses Buches allerdings sprengen. Einiges spricht (theoretisch) dafür, eine Affekthandlung genauso zu analysieren und zu rekonstruieren (freilich mit anderen zusätzlichen Aspekten) wie eine rational gesteuerte, überlegte Handlung. Einiges spricht auch dafür (moralisch und juristisch), eine deutliche Trennungslinie zu ziehen. Man sollte allerdings bei diesen Überlegungen berücksichtigen, dass das eine Frage nach dem Zustandekommen der „Handlung" eines Systems ist und das andere eine Frage der Verantwortlichkeit für dieses Zustandekommen. Und das sind zwei getrennte Paar Schuhe.

7. Unterschiedliche Rekonstruktionen eines Systemzustandes eröffnen jeweils spezifische Optionen zur Veränderung.

„Das Glas ist halb leer", sagte der Pessimist und fing an zu jammern und zu überlegen, wie um alles in der Welt man denn nun neues Wasser bekäme. „Quatsch!", sagte da der Optimist, „das Glas ist doch noch halb voll!", und er widmete sich dem Genuss des Lebens. Das Entscheidende ist hier, dass diese zwei verschiedenen Sichtweisen ganz verschiedene Handlungskonsequenzen haben werden! Der eine wird im Extremfall hamstern, der andere kümmert sich um ein völlig anderes Thema.

8. Interventionen können nicht eine bestimmte Veränderung in einem bestimmten System kausal verursachen.

Jeder, der Kinder hat, weiß, was gemeint ist. Diejenigen unter Ihnen, die keine Kinder haben, denken an Versuche, Ihre Freunde, Mitarbeiter, Partner und so weiter durch einfache Instruktion („Du tust jetzt Folgendes: ..."), dazu zu bewegen, genau das zu tun, was Sie von ihm möchten, während ihn gerade dies nicht interessiert.

9. Interventionen können einen Veränderungsimpuls an ein System geben, wenn sie zum momentanen Zustand des Systems passen.

Jeder, der einen pubertierenden Sohn hat, der nach Unabhängigkeit strebt, weil das genau zu seiner Lebensphase passt, weiß, dass es völlig zwecklos ist, den Sohn davon zu überzeugen, wie nett doch eine Geburtstagsfeier im Kreise der lieben älteren Verwandten ist. Der Begriff der „Passung" ist von wesentlicher Bedeutung für die Arbeit in der gegenseitigen Teamberatung (und kann wesentlich komplizierter dargestellt werden, was für diejenigen empfehlenswert ist, die sich näher mit dem Phänomen auseinandersetzen wollen, zum Beispiel bei Maturana und Varela im „Baum der Erkenntnis"): Die Hauptdienstleistung besteht ja schließlich darin, Ideen zu „Lösungswegen" und so weiter anzubieten, die vom Ratsuchenden akzeptiert und anschließend umgesetzt werden. Trotzdem verwendet ein effektives Team 95 % der Zeit darauf, sich nicht mit Lösungen zu beschäftigen, sondern mit der ganz individuellen Problemkonstruktion des Ratsuchenden. Erst wenn wir dies kennen, können wir eine „passende" Intervention, einen passenden Änderungsversuch also, starten. Denn niemand wird Ratschläge befolgen, die nicht zu ihm passen.

10. Das angeregte System bestimmt selbst, in welche Richtung und in welchem Ausmaß der Impuls eine Veränderung hervorbringt.

Dies haben Sie auch schon erlebt: Ihr Nachbar schreit sein Kind an, weil es gerade dabei ist, auf einem frisch angelegten Beet eine Baustelle zu eröffnen, und was macht das Kind? Die Instruktion (oder der Befehl! Bei einigen Leuten fragt man sich ja, warum sie sich statt eines Kindes keinen Punching-Ball anschaffen) war klar: „Lass das und mach das wieder in Ordnung!" Aber dem Kind fällt nichts Besseres ein, als eine echte Schnute ziehend, mit hängenden Armen in seine Nölecke zu marschieren. Tja, hat nicht geklappt!
Selbst als gut meinende, wohlwollende, ernsthafte Ratschläger haben wir es oft erlebt: Der Ratsuchende macht einfach, was er will!!! Warum sollte er auch etwas tun, was nicht zu ihm passt (siehe oben), was er nicht umsetzen kann, obwohl es ein prima Vorschlag ist, kurz: Ein Rat, hinter dem er nicht stehen kann.

Kapitel II
2 Auftragsklärung

Wir sind in der Regel im Auftrag des Kunden unterwegs. Also des in der Runde erschienenen Ratsuchenden. Nicht etwa im Auftrag seines Chefs oder dessen Unternehmen. Das hieße, er würde „zur Reparatur" geschickt wie der Firmen-LKW. Würden Sie sich vom Chef zum Psychologen (Coach) schicken lassen?

Wir versuchen, wenn wir jemanden beraten wollen, ihm dazu zu verhelfen, Dinge anders zu sehen als vorher, damit er wieder mehr Handlungsideen bekommt als in seiner "problematischen", meist eingeengten Sicht der Dinge.

Es geht darum (wieder) zu lernen sich selbst zu helfen, selber mehr Problemlösekompetenz zu erwerben. Also eine Lösung für ein Problem zu entwickeln, die dem Ratsuchenden hilft, die er tatsächlich umsetzen kann und mit der er Erfolg hat, also keine Lösung von der Stange (vom Experten), sondern eine „maßgeschneiderte", ganz individuelle.

Folglich versuchen wir dabei zu helfen, das Problem des Ratsuchenden zu erforschen und ihm verschiedene mögliche Perspektiven dazu bewusst zu machen, also dem Ratsuchenden dabei zu helfen, Lösungswege zu entwickeln, die zu seinem Alltag passen, die er alleine beschreiten kann und deren Erfolg er alleine beurteilen kann, damit es ihm möglich ist nachzusteuern.

↻ Warum so viele, die etwas ändern wollen, nichts ändern wollen (= paradoxe Aufträge)

Manchmal ist es so, dass man mit einer geradezu paradoxen Situation konfrontiert wird. Da ist ein Ratsuchender, ein Kollege, ein Freund, die eigene Ehefrau, die eigene Mutter, der Nachbar, der Klient in der Beratungspraxis oder wer auch immer. Der erzählt einem, wie er unter einem bestimmten Problem leidet. Wenn Sie anfangen, in einen Beratungsprozess einzusteigen, der ja schließlich zu einer Lösung führen soll, erleben Sie etwas ganz Seltsames: Sie werden den Eindruck nicht mehr los, dieser Mensch will sich gar nicht helfen lassen! Der tut ja alles, um sein Problem „zu behalten"! Und möglicherweise werden Sie jetzt ärgerlich, weil Sie sich als Berater nicht ernst genommen fühlen, als Freund veräppelt.

Das könnte unter Umständen daran liegen, dass sich da jemand mitten in einem sogenannten „Annäherungs-Vermeidungs-Konflikt" befindet. Und weil das relativ häufig der Fall ist, sei das hier kurz an einem drastischen Beispiel erläutert:

Jemand möchte nach jahrelanger Beziehung seinen Partner verlassen (erster Wunsch, Annäherung an ein Ziel: Wieder alleine leben), weil die Partnerschaft nur noch in Kämpfen, Misstrauen, Eifersucht und so weiter zu bestehen scheint. Andererseits kriegt er die Kurve deshalb nicht, weil das eben nur die eine Seite der Medaille ist! Die andere ist folgende: Würde er sein Ziel erreichen, würde er gleichzeitig etwas aufgeben, was ihm sehr wichtig ist: die verbliebene Zuneigung seines Partners, die Vertrautheit, die ganzen lieben Gewohnheiten (zu denen auch langweiliger, aber wenigstens problemloser Sex gehören kann), die das Leben eben auch angenehm machen! So also der zweite Wunsch: diesen Verlust zu vermeiden. Daher der Name „Annäherungs-Vermeidungs-Konflikt". Solange die eine oder andere Waagschale nicht an Gewicht gewinnt, kommt es zu keiner Entscheidung. Das kann mitunter sehr lange dauern und sehr belastend sein. Manchmal fällt man dann irgendwann eine Entscheidung, weil der Zustand zwischen den Entscheidungsalternativen noch weniger auszuhalten ist, als wenigstens das „kleinere Übel" zu wählen.

Des Weiteren kommt hinzu, dass Veränderungen prinzipiell erfordern:

- Umorientierung (weil es eben Veränderungen sind)
- Energieaufwand, um diese zu bewerkstelligen (es ist nicht leicht, Gewohnheiten aufzugeben)
- eventuell die eigenen Wertvorstellungen zu überdenken

(Glaubenssätze, die sonst gedanken-, manchmal auch direkt handlungsleitend wirken, wie zum Beispiel die Überzeugung, dass zwei Menschen als Paar grundsätzlich ein Leben lang zusammenzubleiben haben, müssen aufgegeben werden). Alles das zusammen erlebt man oftmals direkt als Bedrohung und weist es weit von sich.
Bei einer solchen Reaktion des Ratsuchenden wäre eine beleidigte Haltung des Beraters zwar verständlich, dafür nicht unbedingt effektiv oder konstruktiv für den Ratsuchenden, dessen Hauptkonflikt es eben gerade sein kann, sich nicht entscheiden zu können, und der deshalb gerade in diesem Entscheidungsprozess unterstützt werden sollte.

2.1 Die Ziele des Ratsuchenden

Natürlich funktioniert erfolgreiche Beratung im Sinne des Kunden nur, wenn die Ziele, die der Kunde verfolgt - wobei wir ihn ja unterstützen sollen – solche sind, die wir auch selbst unterstützen können, oder wenigstens nicht aus moralisch-ethischen Gründen ablehnen müssten, beispielsweise. Selbst wenn wir wollten, könnten wir keine guten Berater sein, wenn wir die Ziele unseres Kunden verabscheuen. Es wird immer eine Einzelfallentscheidung sein, aber eins ist sicher: Es ist keine gute Entscheidung sich auf seine Professionalität zu berufen und zu glauben, man sei völlig frei von unbewussten Beeinflussungsversuchen bei der Verfolgung eines Zieles, dass man selbst aus tiefstem Herzen ablehnen muss.
In einem solchen Fall bleibt einem aufrichtigerweise nur die begründete Ablehnung des Auftrages. Möglicherweise unter Verweis auf einen Kollegen, jedenfalls aber darauf, dass die Gründe beim Coach liegen und nicht beim Kunden, der in diesem Fall kein solcher werden konnte.

Der Kunde hat zu verantworten, was er erreichen will, seine Ziele, seine Methoden, die er im Alltag anwendet. Das können wir ihm niemals abnehmen. Und *wir* haben als Berater zu verantworten, was *wir* tun – in der Rolle als Berater / Coach und natürlich sowieso in allen anderen Rollen, die wir im Leben spielen. Wir sollten uns nicht auf das Glatteis begeben oder ziehen lassen, auf welchem unser Scheitern vorprogrammiert ist und unser Kunde garantiert keinen Erfolg für sich verbuchen kann: Wir können nicht stellvertretend FÜR unseren Kunden SEINE Probleme lösen!

2.2 Unsere Ziele als Berater

Unsere Ziele als Berater mögen vielfältige sein. Die wichtigsten denkbaren Ziele könnten sein: Wir wollen helfen, dass der Ratsuchende Lösungen (er)findet, die ihm weiterhelfen. Unser Ziel wird auch sein, als erfolgreiche Berater dazustehen, die gerne wieder um Rat gefragt werden beziehungsweise um Unterstützung bei einer Lösungsfindung. Vielleicht wollen wir auch von dieser Art der Beratung leben. Also kann es auch unser Ziel sein, möglichst oft weiterempfohlen zu werden und so weiter.

Egal, was wir noch für Ziele verfolgen, uns muss immer bewusst sein, dass es für das Erreichen unserer eigenen Ziele ebenso wie für das Erreichen der Ziele unseres Kunden wichtig ist, dass wir die Ziele nicht vermischen oder verwechseln! Ansonsten besteht die Gefahr einer Interessenkollision und das geht in diesem Zusammenhang nie gut.

Wenn wir einen Beratungsauftrag bekommen haben und klar erkennen können, worin das Ziel der Team-Runde besteht, und wir können das Ziel ehtisch-moralisch akzeptieren, dann können wir anfangen, die „technischen Voraussetzungen" zu schaffen, um in die Problem(auf)lösung einzusteigen. Nebenbei bemerkt: Wenn wir das Ziel nicht akzeptieren können, dann gibt es nur einen Weg: Den Auftrag offen und ehrlich und begründet abzulehnen.

2.3 Absolute Diskretion

Was in Reflecting Team Runden verhandelt wird, unterliegt selbstverständlich der absoluten Diskretion. Dies ist eine essenzielle Voraussetzung für erfolgreiche kollegiale Beratungsarbeit. Vor jeder Sitzung erneut muss sich der Moderator der Sitzung vergewissern, dass alle Beteiligten auch diesmal mit dieser Regelung einverstanden sind. Der kleinste Verdacht, es trüge jemand etwas aus der Sitzung nach außen (natürlich bis auf den Ratsuchenden, der ja das Ergebnis mitnimmt, nur eben sonst nichts), zerstört womöglich die Arbeitsbasis der Gruppe. Dieser Abschnitt soll nicht auf Misstrauen hinweisen, das gar nicht vorhanden ist. Es soll nur für Sicherheit beim Rastsuchenden sorgen.

Die meisten „Probleme" im unternehmerischen Kontext haben persönliche Anteile bei mehreren der Beteiligten. Das ist naheliegend. Im Alltag wird viel geredet. Und die wenigsten von uns haben Skrupel über, anstatt mit anderen zu reden. Das geschieht natürlich besonders, wenn etwas schief geht, wenn jemandem irgendetwas nicht gefällt, wenn jemand emotional betroffen ist. Das ist völlig normal und das muss wohl auch in gewissem Rahmen so sein. So sind wir Menschen nun einmal „gestrickt":

Die meisten Menschen haben zumindest anfangs auch Bedenken, sich einem andern Menschen anzuvertrauen, gar einer ganzen Gruppe. Abgesehen davon, dass es im Kontext von Beratung sowieso unerlässlich ist auf absoluter Diskretion zu bestehen, ist es in diesem Zusammenhang ganz besonders wichtig: Das Management hat natürlich berechtigtes Interesse zu erfahren, was 4 oder 6 Mitarbeiter eineinhalb Stunden zusammen in einem Konferenzraum zum Beispiel verhandeln. Deswegen wird es Versuche geben, das herauszufinden. Und genau deswegen muss es klare Vereinbarungen mit dem Management geben, dass genau hierüber auf gar keinen Fall gesprochen werden wird. Selbstverständlich muss das Management wissen, was ein Reflecting Team ist und diese „Maßnahme" akzeptieren. Schließlich braucht man für ein Reflecting Team Arbeitszeit, Manpower und Räumlichkeiten. Alles, was darüber hinausgeht, erfährt das Management nicht. Im besten Fall noch, ob die Beteiligten meinen, die Arbeit sei von Erfolg gekrönt.

Hier kann es sehr hilfreich sein, wenn Teile des Managements die Methode kennen, am besten noch, wenn sie sie einmal am eigenen Leib erfahren haben. Denn wenn das Management erst einmal erfahren hat, wie effektiv solch eine Runde sein kann, wird es in der Regel zum Förderer derselben. Dies zeigt eindeutig die Erfahrung.

In jedem Fall sollten die Initiatoren darüber nachdenken, ob es nicht möglich ist, diese Methode gemeinsam mit dem Management einzuführen, oder einzelne Fürsprecher dadurch zu finden, dass man sie an einer Runde teilnehmen lässt. Insofern es sichergestellt ist, dass sie sich wie die anderen Teammitglieder an die Spielregeln halten. Hier kann es wiederum hilfreich sein, die ersten Runden von einem externen Moderator oder Fachmann für diese Methode moderieren zu lassen.

Hier wird man individuelle Lösungen finden. Eines jedoch steht fest: An Indiskretion werden nicht nur die erfolgreichen Runden scheitern, sondern eine Indiskretion in diesem Zusammenhang bringt einen Vertrauensverlust insgesamt mit sich, der kaum wieder gut zu machen ist. Wie in jedem anderen Falle auch.

● **In jedem Problem steckt auch die Lösung.**

Zentrale Aufgabe modernen Coachings: dieses „Rätsel" zu knacken. Die Lösung zu ent - "decken". Wer sein Problem beschreiben kann, beschreibt – meist unbewusst - bereits die Lösung. Beschwert sich jemand über seinen Beruf, mit dem er jeden Tag unzufriedener wird, dann kennt er die groben Züge der Lösung: "Ich muss einen anderen Beruf oder eine andere Tätigkeit ergreifen oder meine Tätigkeit entsprechend verändern"!

Statt mich im Leiden: "Ich leide unter meiner Tätigkeit" einzurichten und mir die schrecklichen Konsequenzen und die Gemeinheiten der beteiligten vermeintlichen Nutznießer meiner Misere in allen Farben auszumalen (was viele Menschen „begeistert" wochen- und monatelang tun können), könnte ich ganz konkret am Lösungsweg arbeiten. Es ist ernüchternderweise so einfach, wie es klingt: Entweder verharre ich in meinem (bequemen, aber nervigen) Problem, oder ich wechsele zur (anstrengenden, dafür befriedigenden) Lösung.

Irgendetwas in der Vergangenheit ist aus dem Ruder gelaufen, die „problematische Beschreibung" ist der erste Versuch sich vom Problem zu lösen. Dieser Lösungsversuch hat Vor- und Nachteile. Er bringt Gewinn und Kosten. Der Gewinn ist zweifellos, dass er bereits einen Zustand verändert hat, der so nicht zu ertragen war. Gefahr erkannt, Gefahr gebannt sozusagen. Ein untauglicher Versuch zur tatsächlichen Lösung trotzdem, wie sich später herausstellen wird und doch ein Vorteil, denn die Veränderungsbemühungen haben eingesetzt. Deshalb kann man sich über die Entdeckung dieses Problems freuen. Jedoch es entstehen auch Kosten. Der Versuch der Lösung ist eine neuerliche Belastung, denn das Nörgeln macht an sich keinen Spaß. Und durch mehr Nörgeln wird Nörgeln nicht besser, sondern noch schlimmer.

Lösung heißt immer Loslösung von etwas. Sich entscheiden, heißt sich ent-„scheiden", bedeutet also die Trennung vom Problem. Löse ich ein Problem, löse ich mich eigentlich vom Problem ab. Und das kann eine Lücke (!) hinterlassen. Auch hochkarätige Experten nörgeln ganz gern gruppenweise anstatt ein Problem „sein" zu lassen. An dieser Stelle ist Einsicht (und emotional gefärbtes Probehandeln) nötig, damit die einfache Lösung auch verfolgt wird.

Von „einfachen" (!) Lösungen wollen Experten oft nichts hören. Wir wollen nicht anfangen, einfachste Lösungen hoch kompliziert zu machen, damit sie vom Problembesitzer anerkannt und dann im schweren und dauerhaften „Kampf" eingesetzt und abgenutzt werden können, damit sich schließlich doch nichts ändern muss. Oder? Auch wenn „Probleme" manchmal wie Statussymbole gehandelt werden: Wenn das Problem wirklich weg soll, ist es oft ganz einfach.

Kapitel III
3. Organisatorische Fragen
3.1 Rekrutierung des Teams

Entweder haben wir bereits eine Mitarbeiter- oder Kollegengruppe, die wir fragen können, ob sie bereit ist, eine Beratergruppe für Kollegen zu unterstützen. Oder wir finden in der eigenen Firma (oder im (Geschäfts-Freundes)-kreis) bereits Leute, die die Methode kennen. Wir stellen uns mutwillig eine Gruppe von Leuten zusammen, die sich bereits gut kennen, oder eine Gruppe Menschen, die sich noch gar nicht oder möglichst wenig kennen. Alles hat seine Vor- und Nachteile. Je nachdem, was ich mit den Reflecting Teams erreichen möchte. Ganz Grob kann man sagen:

(1) Innerhalb eines vorhandenen Teams bringt die Reflecting Team Arbeit einen ungeheuer intensiven Erfahrungsaustausch mit sich, den man sonst wohl kaum so zuwege bringen würde. Es eignen sich im Grunde alle Arten von Themen / Problemen, die sich außerhalb und im Kontakt mit einem Gruppenmitglied abspielen. Also Probleme mit Kollegen außerhalb der Firma, mit Kunden, Lieferanten, Kollegen aus anderen Abteilungen und so weiter. Es eignen sich keine Probleme, die mehrere Mitglieder des eigenen Teams untereinander betreffen. Solche Konflikte benötigen andere Methoden! Zum Beispiel eine Mediation oder jedenfalls ein durch einen Dritten, Unbeteiligten moderiertes Gespräch.

(2) Bildet man Teams innerhalb eines Unternehmens aus verschiedensten Abteilungen, trägt die Arbeit im Team nicht nur zur unmittelbaren Lösung der präsentierten Probleme bei, sondern auch zu einer intensiven und stabilen Netzwerkbildung über alle Abteilungsgrenzen hinweg. Die Infor-

mationsströme werden unter Umständen und guten Voraussetzungen ganz wesentlich verbessert.

3.2 Rollen

Die Mitglieder des Teams verstehen diese einfache Methode bereits nach der ersten Einweisung durch einen Moderator, der Sie lieber Leser, sein können. Natürlich könnte man sich für die Einführungsphase auch einen Profi engagieren. Der moderiert dann die ersten zwei – drei Runden und übergibt an ein interessiertes Mitglied der Runde. Die einzelnen Mitglieder haben dann während einer Beratungsrunde verschiedene Rollen. Prinzipiell können alle Mitglieder zwischen allen Rollen hin- und herwechseln. Das hängt davon ab, ob die Mitglieder sich vergleichbar verantwortlich fühlen, was den Gruppenprozess angeht. Andererseits zeigt die Erfahrung mehr als deutlich, dass sich Mitglieder von Gruppen überhaupt umso verantwortlicher für das gesamte Geschehen verantwortlich fühlen, je mehr sie an eben diesem Prozess verantwortlich beteiligt werden. Und was liegt da näher, als die Rolle der Leitung rotieren zu lassen.

3.2.1 Ratsuchender

Der Ratsuchende ist derjenige, der ein Problem gelöst haben oder für ein bestimmtes Thema „Tipps einsammeln" möchte und sich deswegen an die Runde wendet. Es ist entweder ein externer Kunde der Gruppe (aus dem eigenen Unternehmen) oder ein Gruppenmitglied. Er braucht sich um nichts zu kümmern außer darum, einen Auftrag an die Runde zu formulieren oder anhand von ein paar wenigen Leitfragen das Thema für sich klar und den Auftrag an die Gruppe deutlich zu machen. Er wird als solcher wie alle anderen auch vom Moderator angeleitet oder unterstützt.

3.2.2 Moderator

Der Moderator moderiert die Runde und kann auch selbst als Berater teilnehmen. Er ist für die Einhaltung eines gewissen Zeitrahmens verantwortlich und dafür, dass die Spielregeln eingehalten werden. Möglicherweise ist er zusätzlich der Einladende, also der Gastgeber der Runde. Dann ist er auch dafür verantwortlich, dass die Runde für die Zeit der Beratung von der „Außenwelt" abgeschirmt ist. Auch sonst sollte er die Gastgeberrolle ernst nehmen (siehe dazu auch 3.3 Vorbereitungen…).

3.2.3 Interviewer

Der Interviewer führt (wenn diese Rolle denn gewünscht wird) das Gespräch mit dem Kunden (dem Ratsuchenden). Wenn ein Interviewer definiert ist, dann kommen die Reflecting Team Mitglieder überhaupt nicht in Kontakt mit dem Ratsuchenden.

3.2.4 Reflecting Teammitglied

Jedes Teammitglied hat eine Beratungsfunktion. In der Version mit einem Interviewer hört jeder aufmerksam zu, macht sich vielleicht Notizen und bespricht dann mit den anderen Teammitgliedern, nie mit dem Kunden, die Themen nach dem jeweiligen Zeitraster, quasi als Spiegel, als reflektierende Leinwand, auf die die Äußerungen des Kunden treffen.
In der Version ohne Interviewer, dafür mit Moderator, hat jedes Teammitglied die Funktion des mit dem Ratsuchenden in direkten Kontakt tretenden Beraters UND die Funktion des Mitglieds des Beratungsteams, als das er die Äußerungen des Kunden in den jeweiligen Phasen gemeinsam mit den anderen Mitgliedern reflektiert.

3.3 Vorbereitungen

Zur Vorbereitung gehört die Bereitstellung eines ruhigen Raumes mit einer Visualisierungsmöglichkeit (Flipchart, Pinnwand o.ä.). Ferner die Einladung der Teammitglieder, sowie die Verteilung von Vorbereitungshilfen an den oder die Ratsuchenden, wenn dies verabredet wurde. Dazu gehören zum Beispiel die Leitfragen zur Vorstrukturierung des Themas und Klarstellung des Beratungsauftrages durch den Ratsuchenden. Meistens übernimmt der Einladende auch die Moderatorenrolle. Die Rolle des Moderators und die des Gastgebers kann selbstverständlich abwechselnd von allen Teammitgliedern übernommen werden.

Zur Gastgeber-Rolle und damit zur Vorbereitung einer Teamsitzung gehört auch, dass der Gastgeber insofern seiner Rolle gerecht wird, als er den Raum insgesamt auf Ausstattung, Temperatur, Lüftung und so weiter kontrolliert.

Nicht nur mir scheint es so zu sein, dass durch die aktuelle Entwicklung einer ständigen „Beschleunigung" des beruflichen Alltags für die einfachsten Dinge keine Zeit mehr vorhanden zu sein scheint, die das berufliche Leben angenehmer und die Qualität beruflicher Leistungen besser machen. Und dazu gehört eben auch eine Beratung, die nicht „zwischen Tür und Angel" stattfindet, sondern in einem wertschätzenden, gesonderten Rahmen.

3.3.1 Vorbereitungen des Teams / Einführung in die Methode

Wenn noch nicht geschehen, sollte der zuerst einladende Moderator dafür sorgen, dass alle Teammitglieder vor Beginn der Sitzung über die Methode und deren Spielregeln informiert wurden. Das geht natürlich am einfachsten und überzeugendsten, wenn er selbst schon ein- oder mehrmalig an Reflecting Team Sitzungen teilgenommen hat. Die Einweisung der Mitglieder kann in der Regel durch ein kurzes

Gespräch und/oder eine DIN-A-4-Seite Text mit einer Kurzversion eines Ablaufplanes einer Sitzung geschehen. Es spricht auch nichts dagegen, dieses Buch an die Mitglieder zu verteilen oder es über einen Handapparat oder als eBook-Version der Abteilung zur Verfügung zu stellen.

Natürlich kann der zuerst einladende Moderator auch die erste Sitzung dazu nutzen, die Methode zu erläutern und gleich den ersten Versuch zu starten.

3.3.2 Vorbereitung des Ratsuchenden mit Hilfe von Leitfragen

Die Arbeit des Teams selbst wird sehr erleichtert und beschleunigt, wenn der Ratsuchende vor Beginn der Sitzung einige Leitfragen bearbeitet (siehe Anhang), die die wichtigsten Fragen beinhalten, die im Beratungsprozess sowieso gestellt werden und die in der Lage sind, den Beratungsprozess genau auf das vom Ratsuchenden gewünschte Ziel auszurichten. Seltsamerweise ist es das, was in Alltagsgesprächen am häufigsten vergessen oder jedenfalls nicht angemessen beachtet wird: Es wird kein Ziel der Beratung und kein Ziel oder nur ein nebulöses definiert, welches der Ratsuchende nach der Beratung mit der entwickelten Strategie erreichen möchte. Es ist zwar irgendwie nett und vielleicht sogar erstrebenswert, ein „gutes Verhältnis zu seinen Mitarbeitern zu erreichen", aber ein so formuliertes Ziel ist kaum eines, dass erreicht werden könnte. Der Auftrag an die Beratungsgruppe sollte möglichst konkret sein, nachvollziehbar, messbar, terminiert. Im Grunde sollte es den SMART-Kriterien genügen (siehe folgenden Kasten). Wenn der Ratsuchende nicht in der Lage ist, seine Ziele so zu formulieren, wird man in der laufenden Beratungsrunde dafür sorgen können, dass sein Ziel die SMART-Kriterien erfüllt. Dann ist dies ein wichtiger Teil des Beratungsprozesses.

☯ SMART müssen Ziele sein, damit sie erreicht werden können!

SMART ist als aus dem Anglo-Amerikanischen kommende Eselsbrücke in der Management-Szene beliebt. Wie setze ich meinen Mitarbeitern oder mir Ziele, die ich wirklich erreichen kann? Denn nichts ist so frustrierend, als unerreichbare Ziele zu verfolgen! Wie Annemarie Carracciolo sinngemäß und frei übersetzt so treffend sagt: „Das ist, als wenn man als Hund seinen Schwanz jagt!" Zum Beispiel nachzulesen in "Smart Teams" ("things to know about...") von Annemarie Caracciolo, Capstone Publishing Limited, Oxford, 1999.

Im Grunde kennt es jeder von uns: Es gibt Gründe, warum so manche Silvestervornahme *nicht* funktioniert hat. "Aufhören mit dem Rauchen, ja, aber *eine* am Neujahrsabend geht doch noch, Neujahr gehört ja quasi zu Sylvester noch dazu..." und so weiter.

Sie müssen Ihre Ziele festlegen, nur eben nicht irgendwie ("später soll es mir mal gut gehen" ist kein gut erreichbares Ziel)! Also los: Ihre Ziele sollten SMART sein, damit Sie sie erreichen. "SMART" heißt:

S - specific – spezifisch
M - measurable - messbar
A - activity based - auf eigener Aktion beruhend
R - realistic - realistisch
T - timed - mit Kontrolltermin versehen

Was heißt das im Einzelnen?

S Ein Ziel muss *spezifisch* sein, damit man es erreichen kann. Nicht "Ich muss etwas für meine Gesundheit tun!" ist hilfreich, sondern "ich werde mit Radfahren anfangen!"

M Ein Ziel sollte *messbar* sein. Nicht "ich werde ab und zu mal Radfahren..." ist hilfreich, sondern "Ich werde pro Woche 50 km fahren"

A Ein Ziel sollte *auf eigener Aktion beruhen* können (A = activity based). Nicht "ich will selbstsicherer werden!" ist hilfreich, sondern, "beim nächsten Versuch mich zu einer Torte zu überreden, werde ich nein sagen und mir einen kleinen Apfel bestellen".

R Ein Ziel sollte *realistisch* sein. Nicht "im Frühjahr wiege ich 60 Kilogramm weniger!" ist hilfreich, sondern "für 12 Monate pro Monat ein Kilo abnehmen ist mein Ziel".

T Ein Ziel sollte *terminiert* sein. Nicht "in den nächsten Wochen fange ich an Rad zu fahren!" ist hilfreich, sondern "nächsten Montagabend fahre ich zehn Kilometer Rad (egal, ob es regnet oder nicht!)".

Jetzt haben wir ein Ziel, das wir tatsächlich verfolgen können. Und zu dem wir zu einem bestimmten Termin zuverlässig feststellen, ob wir es erreicht haben, oder ob wir neu überlegen müssen. Vielleicht das Ziel verändern, oder den Weg dorthin. Wenn wir uns realistische Ziele setzen, also in relativ kleinen Schritten vorangehen, ist unsere Enttäuschung nicht so groß, wenn etwas mal nicht gleich beim ersten Versuch geklappt hat. Auch dies ist ein Grund für "smarte" Ziele. SMART heißt andererseits auch, dass wir dafür sorgen können, dass unser Ratsuchender relativ schnell mit Erfolgserlebnissen versorgt wird, die ihn dann wieder motivieren weiter zu machen oder die Messlatte schließlich höher zu setzen. Im Moment ist das unumstritten Allerwichtigste, überhaupt erst einmal anzufangen. Und dafür reichen ganz kleine und erfolgreiche Schritte vollkommen aus. Der chinesische Weise sagt: "Auch der längste Weg beginnt mit dem ersten Schritt!" Und (wer immer dieser „chinesische Weise" sein soll): Er hat recht damit!

3.3.3 Räumliches Arrangement während der Sitzung

Es hat sich immer wieder bewährt, den Ratsuchenden von der Gruppe zu „trennen". Vor allem während der Hypothesenbildung und der Schlussrunde mit den Strategievorschlägen. Also etwa folgendes Arrangement zu treffen:

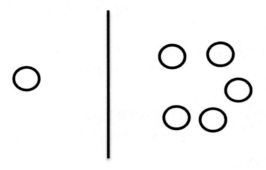

Abb. 2: Der Ratsuchende sitzt getrennt von der Gruppe, in den Phasen der Hypothesenbildung und der Strategievorschläge zum Beispiel durch eine Pinnwand getrennt.

Das macht die verschiedenen Rollen der Mitglieder des Teams deutlich und erleichtert den Beratungsprozess insofern, als dass diese Anordnung weniger dazu verleitet, dass einzelne Berater einen längeren Dialog mit dem Ratsuchenden beginnen. Dieser mündet dann in eine der bekannten Beratungsfallen („Kunstfehler"), die es in Beratungssituationen mit einem (Laien-)Berater und einem Ratsuchenden so häufig zu beobachten gibt. Und die sollen gerade vermieden werden. So führen längere Dialoge ohne Unterbrechung durch andere Berater mit ihren individuellen Ideen zum Thema im Kopf dazu, dass immer wieder einzelne Berater versuchen, ihre ganz eigene Idee vom „Problem" und damit von einer „Lösung" an den Mann, sprich den Ratsuchenden, zu bringen, ohne auch nur annähernd verstanden zu haben, worum es dem Ratsuchenden selbst denn geht.

Je nachdem, ob man einen Interviewer definiert, sieht die Runde natürlich anders aus. Zum Beispiel so:

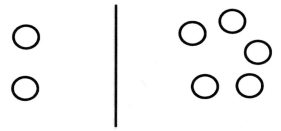

Abb. 3: Ein Interviewer führt das Gespräch mit dem Ratsuchenden, die Gruppe darf zu Hilfe geholt werden oder kann auch selber eingreifen. Die Gruppe kommuniziert aber ausschließlich mit dem Interviewer.

Zur räumlichen Mindestausstattung sollte ein Flipchart gehören, falls der Ratsuchende eine erklärende Zeichnung anfertigen möchte (zum Beispiel das Organigramm der Abteilung innerhalb der er sich in Machtkämpfe verstricken ließ). Auch für das quasi öffentliche Mitprotokollieren (für den Ratsuchenden) von Hypothesen oder Strategievorschlägen kann das sehr hilfreich sein, wenn der Ratsuchende es wünscht.

Auch eine Pinnwand kann sehr hilfreich sein, damit der Blickkontakt zwischen Berater und Ratsuchendem in bestimmten Phasen des Beratungsprozesses unterbrochen werden kann. Die gilt vor allem für die Hypothesengenerierung („Klatsch und Tratsch") und möglicherweise auch für die Bekanntgabe der von den Beratern entwickelten Lösungsstrategien (siehe auch den folgenden Punkt: Ablauf der Beratungsrunde).

Abb.4: Reflecting Team im Rahmen eines firmeninternen Führungskräftetrainings mit Gruppen- und Abteilungsleitern in der Interviewphase. Im Vordergrund der Ratsuchende. Die lockere Atmosphäre, das schöne Wetter sollten nicht darüber hinwegtäuschen, dass hier ernste Probleme verhandelt wurden.

Abb.5: Reflecting Team in einem offenen Seminar zur berufsbezogenen Entwicklung in der Hypothesenbildungsphase. Der Kunde sitzt hinter der Pinnwand und macht sich Notizen.

Kapitel IV
4 Ablauf der Beratungsrunde

Die Beratungsrunde sollte nach einem fest vorgegebenen Schema verlaufen. Das macht es für alle Beteiligten einfacher, die essenziell notwendigen Spielregeln einzuhalten:

(1) Bericht des Ratsuchenden
(2) Interview des Ratsuchenden
(3) Feedback und Hypothesengenerierung durch die Gruppe
(4) Kommentar des Ratsuchenden
(5) Option: Restfragen klären
(6) Schlussrunde: Strategievorschläge der Berater
(7) Option: Sharing der Berater

4.1 Bericht des Ratsuchenden und Klärung des Auftrags

Zu Beginn wird der Ratsuchende berichten, um was es eigentlich geht. Was ist seine Beschwerde, was möchte er mithilfe des Teams und dessen Ideen erreichen?
Das kann der Ratsuchende frei und spontan gestalten oder er hat sich anhand der Leitfragen (siehe Anhang) vorbereitet. Erfahrungsgemäß werden Reflecting Team Runden effektiver, wenn der Ratsuchende sich anhand von Leitfragen vorbereiten kann. Natürlich gilt auch hier, dass das nur Sinn macht, wenn der Ratsuchende das auch möchte. Hier zeigt die Erfahrung wiederum, dass die weitaus meisten Ratsuchenden das sogar für sich selbst als Vorteil sehen und es gerne tun. Also ist es ratsam, die Leitfragen zum Beispiel zwei-drei Tage oder doch – wenn es zeitlich enger aussieht – einige Stunden vor dem Treffen an den Ratsuchenden auszuhändigen.

Anhand der Leitfragen oder auf Nachfrage durch den Moderator erteilt der Ratsuchende am Ende seines Berichtes den Beratungsauftrag. Dieser kann zweiteilig sein:

(1) Was möchte er genau von der Beratungsrunde während dieses Treffens?
(2) Was möchte er in seiner „Story" erreichen, welche Zielvorstellung möchte er verwirklichen?

Ad (1) Möchte er Vorschläge für eine ausgefeilte Strategie zu seinem Thema / Problem bekommen? Oder möchte er lediglich in einem möglichst schnellen Verfahren "Tipps" einsammeln, oder Erfahrungen austauschen?

Ad (2) Was ist genau das Ziel seiner Bemühungen? Wie soll sich seine „Problemstory" entwickeln? Hat er beispielsweise einen unerträglichen „Chef", möchte er nun möglichst schnell woanders arbeiten? Oder möchte er Maßnahmen entwickeln, um mit seinem Chef besser auszukommen?

4.2 Interview

Nach der Auftragserteilung folgt das Interview des Ratsuchenden. Dabei gibt es eine wichtige und einfache Spielregel: Ein Berater stellt immer nur eine Frage zurzeit, dann ist der nächste dran.
Bei Einhaltung dieser Spielregeln wird einfach und zuverlässig sichergestellt, dass niemand den Ratsuchenden in Kettenfragen verwickelt, auf eine „Ja-Sage-Straße" zur Bestätigung der eigenen Hypothesen zum „Problem" führt. Wenn man eine Runde von drei – fünf Beratern hat, kann man davon ausgehen, dass so viele Informationen den Besitzer wechseln, bis der jeweilige Berater wieder dran ist mit Fragen, dass die meisten Versuche, den Ratsuchenden zu „dressieren" (auf eine be-

stimmte Denkschiene zu setzen) scheitern werden, und der Ratsuchende eher in die Lage versetzt wird, nicht einem einzigen Berater und seiner Idee zu folgen, sondern sich selber eine Lösung zu entwickeln, auf der Grundlage der gesamten Runde.

Es empfiehlt sich am Anfang mit der Art und Weise Fragen zu stellen zu experimentieren, um ein gutes Gefühl dafür zu entwickeln, welche Fragearten zielführender sind als andere. Im Folgenden werden die wichtigsten Fragen, deren Verwendung und Zielsetzung aufgeführt.

4.2.1 Forschende Fragen

Forschende Fragen dienen der Erhellung der Problemrekonstruktion des Ratsuchenden, also der Aufklärung der Frage: Worüber reden wir eigentlich? Forschende Fragen können während des ganzen Beratungsprozesses dienlich sein, vor allem jedoch zu Beginn. Eine besondere Form von forschenden Fragen sind die zirkulären Fragen, auf die weiter unten genauer eingegangen wird. Letztlich dienen alle forschenden Fragen dazu, die Problemsicht des Ratsuchenden zu erhellen, um schließlich möglichst viele verschiedene Aspekte aufzutun, auf denen man später bei der Entwicklung von Lösungsschritten aufbauen kann.

Forschende Fragen dienen dazu ...

... **die teilweise störenden, starren „Ursache-Wirkungs"-Überzeugungen des Ratsuchenden schon dadurch infrage zu stellen, dass man sie hinterfragt.**
(„weil der, darum ich" ... oder „Wenn der erstmal, dann ich auch ..." oder „der arbeitet nicht, weil er faul ist" und so weiter).

... **Verhaltensweisen von Menschen, weniger durch unverrückbare Eigenschaften entstanden zu betrachten** (Charakterzüge sind per Definition unveränderlich), sondern vielmehr als in der Interaktion mit anderen Menschen entstandene Verhaltensstile, die somit veränderbar sind. Wenn ich nach der Beschreibung einer Person durch einen anderen frage, frage ich eben nach der Beschreibung durch einen bestimmten Beobachter, nicht nach den „Eigenschaften" der Person, die beschrieben wird. Ich lasse mir berichten, wie es zu etwas gekommen ist und hinterfrage die begleitenden Bedingungen und Entwicklungen, so trage ich dazu bei, dass nicht nur das starre „Eigenschaftsmodell" herhalten muss für irgendeinen Ärger, den der Ratsuchende hat, sondern dass zunehmend mehr und andere Bedingungen als verantwortlich für die Lage herangezogen werden können. Letztlich mache ich so auf mehr Veränderungsmöglichkeiten aufmerksam.

... **Problemkonstruktionen des Ratsuchenden kennenzulernen und gleichzeitig zu hinterfragen.** Wie erklärt sich Ihr Mitarbeiter A, dass Mitarbeiter B in letzter Zeit immer zu spät kommt? Seit wann erklärt sich A das auf diese Weise? Wie erklären Sie sich die Leistung von Menschen? Warum machen Menschen Karriere? Können Sie sich erklären, wieso das Problem beim Meier aufgetaucht ist und nicht beim Müller?

... **jetzige und frühere Beziehungsmuster (Koalitionen) zu verdeutlichen.** „War es schon immer so, dass es bei Teambesprechungen zwischen Mitarbeiter A und Mitarbeiter B zu Streitereien wegen völlig nebensächlicher Fragen kam?

Hier kommen wir wie ein Reporter in einen Bereich, den wir als Person selber gar nicht beurteilen können: Was den Ratsuchenden belastet, können wir letztlich nicht entscheiden oder „besser wissen". Wir müssen die (Re-)konstruktion der belastenden Wirklichkeit erkennen und akzeptieren. Dann können wir aber dafür sorgen, dass der Ratsuchende andere Möglichkeiten ins Kalkül zieht. Denn aus diesen anderen denkbaren Rekonstruktionen könnte sich ja bereits eine ganz andere Sichtweise des Problems (welches als solches „unangetastet" bleibt) ergeben, die schließlich zu konstruktiveren Lösungsansätzen als die bisherigen führt.

4.2.2 Die Suche nach „Unterschieden"

Entscheidend scheint bei allen Fragen die Suche nach „Unterschieden" zu sein: War das schon immer so? Wann hat sich das verändert? Sehen das alle so? Dazu gehört auch zu fragen, in welchen Situationen denn das Problem gar nicht auftaucht oder nicht als problematisch oder als nicht wichtig empfunden wird. All das hilft herauszufinden, auf welcher als positiv erlebten Basis man später aufbauen kann. Man könnte es auch so ausdrücken: Es geht darum, den „problemfreien Bereich" auszuweiten, um dort ein effektives Handeln zu ermöglichen, welches im „Problembereich" nicht mehr auftritt (auftreten kann). Und letzten Endes geht es auch hier wieder darum, eine tragfähige Strategie für den Ratsuchenden zu entwickeln beziehungsweise den Ratsuchenden zu ermutigen, diese selbst zu entwickeln.

4.2.3 Offene Fragen

Offene Fragen („Warum haben Sie so und nicht anders entschieden?") sind wesentlich besser geeignet, Informationen zu gewinnen, als geschlossene Fragen („Und dann sind Sie gegangen?"), weil Sie den Ratsuchenden zum Erzählen bringen. Eine geschlossene Frage kann immer nur maximal die Information hervorbringen, die bereits in ihr steckt („ja!", „nein!", „weiß nicht!"). Sie sieht präzise aus, ist aber höchstens geeignet um ein Gespräch beziehungsweise ein Thema während eines Gespräches - beispielsweise wenn man etwas auf den Punkt bringen will – zu beenden („Also, wir sehen uns dann um drei! Einverstanden?"). Offene Fragen sind im Prinzip alle W-Fragen (Wie in der „Sesamstraße: wieso, weshalb, warum?!"). Dieselbe Funktion haben selbstverständlich auch alle Aufforderungen, irgendetwas genauer zu berichten: „Erzählen Sie doch mal, wie war das, als Sie aus dem Urlaub wiederkamen?"

4.2.4 Zirkuläre Fragen

Zirkuläre Fragen sind nicht die Fragen, „mit denen man um den heißen Brei herumtanzt", wie ein Teilnehmer einmal scherzhaft vermutete. Sondern es sind die Fragen, die dreierlei Einsatzgebiete haben.

4.2.4.1 Abwesende zum Sprechen bringen, andere Perspektiven kennenlernen

Kann man mit zirkulären Fragen Menschen zum Sprechen bringen, die nicht anwesend sind: „Was würde Herr Meierdiercks jetzt sagen, wenn er auf die Frage antworten sollte: Was hat denn, Herr Meierdiercks, Ihr Chef überhaupt für ein Problem?" oder „Erzählen Sie doch die Geschichte mal mit den Worten Ihres Mitarbeiters Meierdiercks!"

4.2.4.2 Interessenlagen

Gibt es Interessenkonflikte unter verschiedenen Beteiligten? Gilt das immer oder nur unter bestimmten Voraussetzungen? Ist eine potentielle Lösung für Sie für einen anderen ein Problem? Wird er dagegen vorgehen?

4.2.4.3 Problembesitz klären

Ferner sollte es einem gelingen, mit Hilfe von zirkulären Fragen herauszufinden, wem das Problem, um das es geht, eigentlich „gehört"! Gibt es verschiedene Anteilseigner am Problem? Wer von ihnen hat Interesse, dass das Problem gelöst wird und wer gerade nicht (weil dadurch für ihn ein neues Problem entsteht!)?

Weitere Beispiele für zirkuläre Fragen:

- Was meinen Sie, was Herr Schmidt denkt, wenn Herr Meier mal wieder „als Gigolo verkleidet" zur Arbeit kommt?
- Wie reagiert Herr Farblos, wenn Frau Griesgram meint, er sei ein Morgenmuffel?
- Seit wann erklärt sich Herr Draufgänger die Minderleistung seiner Mitarbeiter durch den Anblick der unglaublich geschmacklos gekleideten Frau X?
- Wer könnte am ehesten dazu beitragen, dass Herr Meier nicht nur schlecht gelaunt, sondern auch noch schlecht gekleidet zur Vorstandssitzung erscheinen würde?
- Wer könnte aus dem Kleinkrieg zwischen den Kaffeetanten und Wichtigtuern Nutzen ziehen?
- Wer hätte den größten Nutzen, wenn sich nichts ändert?

4.2.5 Angemessen ungewöhnliche Fragen

In Tom Andersens Buch „Das reflektierende Team" werden „angemessen ungewöhnliche" Fragen erwähnt. Wir (die Teilnehmer von Beratungsrunden und ich) haben uns bei unseren Fragerunden an einem Ausspruch von Prof. Grau von der Universität Kiel orientiert: „Lasst uns Fragen stellen, die nicht schon der Friseur gestellt hat!" In Alltagsgesprächen werden häufig Fragen benutzt, die sich von Gespräch zu Gespräch und von Problem zu Problem einander ähneln. Vermutlich hat sich der Ratsuchende selbst schon entsprechende Fragen gestellt. Häufig hat ihn das nicht gerade weitergebracht, deswegen hat er ja noch das Problem. Es kommt also auch darauf an, den Ratsuchenden durch „angemessen ungewöhnliche" Fragen in seiner (festgefahrenen) Sichtweise der Dinge zu irritieren, um Wege zu ungewöhnlichen (noch nicht gedachten) Alternativen, letztlich Lösungswegen zu ermöglichen. Das fängt bereits bei der ausführlichen Problembeschreibung und -analyse an. Das Kriterium für die Angemessenheit solcher Fragen ist jeweils die Reaktion des Ratsuchenden. An dieser kann man ablesen, ob man sich in einer Sackgasse befindet oder ob es sich lohnt, eine Hypothese, die mit der Frage verbunden sein mag, weiterzuverfolgen oder nicht.

In diesem Sinne ist das zirkuläre Fragen als Trial-and-Error-System zu verstehen, um der tatsächlichen (das heißt der subjektiven) Rekonstruktion eines Problems des Ratsuchenden näherzukommen.

Um nicht nur zu wiederholen, was bisher schon versucht wurde, werden auch die Versuche abgefragt, die der Ratsuchende in der Vergangenheit schon unternommen hat, um das Problem zu lösen und die Erfahrungen, die er dabei gemacht hat. Dies kann unter Umständen wertvolle Hinweise darauf geben, was es an neuen, noch nicht versuchten Aktionen in diese Richtung geben kann.

4.2.6 Konstruktivistische Fragen

Konstruktivistisches oder hypothetisches Fragen heißt, dass der Berater sich beim Ratsuchenden nach Möglichkeiten erkundigt. Konstruktivistische Fragen sind alle Fragen, die beginnen mit:

- Gesetzt den Fall, dass ...
- Stellen Sie sich vor, da kommt plötzlich der ...
- Was wäre, wenn ...
- Vorausgesetzt, dieses Gespräch wäre schon zu Ende ...

oder mit ähnlichen Sätzen.

Konstruktivistische/hypothetische Fragen dienen dazu, hypothetisch neue Wahlmöglichkeiten einzuführen, und positive Erwartungen bezüglich der Zukunft zu fördern. Angenommen, Mitarbeiter B würde Mitarbeiter A nicht mehr wegen jeder Kleinigkeit aufziehen, wie würde Mitarbeiter A darauf reagieren? Wer hat am meisten Vertrauen, dass durch eine Klärung der Arbeitsplatzbeschreibung Mitarbeiter Z nicht mehr in die Arbeitsbereiche seiner Kollegen hineinpfuschen würde?

Wenn Menschen zusammen sind, zusammenarbeiten, dann entwickeln sie mehr oder weniger bewusst mehr oder weniger übereinstimmende Bedeutungssysteme (Wertvorstellungen), an denen sich die Mitglieder einer Gruppe orientieren („Skinheads sind blöd" oder „Eine moderne Demokratie im ausgehenden 20. Jahrhundert mitten in Europa darf es sich nicht leisten, dass ...").

Diese Wertvorstellungen (= Wirklichkeitskonstruktionen) sind subjektiv wie das Denken und Wahrnehmen der Menschen eben subjektiv und nicht objektiv und können mehr oder weniger angemessen für das „Funktionieren" einer Gruppe/eines Systems sein. Eventuell ist die Wirklichkeitsvorstellung eines Systems schädlich, verhindert eine flexible Anpassung an Veränderungen und lässt keine Entwicklung zu, weil es keine veränderte Sichtweise als notwendig oder wünschenswert erscheinen lässt. Daher kann es bisweilen notwendig sein, das bestehende Wirklichkeitsbild zu erweitern. Mit Hilfe von zirkulären Fragen wird in diesem Fall versucht, zunächst die Wirklichkeit, wie sie von den Mitgliedern eines Systems erlebt wird, zu charakterisieren und aufzudecken. Mit konstruktivistischen Fragen wird versucht, diese belastenden Wirklichkeitsvorstellungen zu verstören, und durch das Aufzeigen verschiedener möglicher Sichtweisen auf alternative Wirklichkeitsbilder mit mehr Freiheitsgraden für das eigene Handeln aufmerksam zu machen (siehe dazu auch „Irritation als Rettung" ab Seite 130). Damit wird auch geholfen, das bestehende Problem des Systems aus einem anderen Blickwinkel betrachten zu können. Gleichzeitig werden verschiedene Zielvorstellungen der Entwicklung einer Situation hypothetisch erzeugt, und man kann diskutieren, ob eine Verfolgung der sich so ergebenden Ziele lohnend erscheint oder nicht. Dabei können durchaus sehr ungewöhnliche, fantasievolle Hypothesen zum Zuge kommen.

Beispiele

... noch zu Beginn des Gesprächs:

„Vorausgesetzt, dieses Gespräch hätte sich am Ende als nützlich für Sie erwiesen, woran werden Sie es merken? Was hätte sich verändert? Was nähmen Sie mit?"[7]

---

[7] Der Unterschied zur schlichten Frage nach dem Ziel ist, dass ein Ziel häufig eben nicht klar vor Augen steht und/oder nicht formuliert werden kann. Fordert man einen Ratsuchenden aber auf, sich vorzustellen, das Ziel wäre bereits erreicht, fällt es ihm wesentlich leichter, konkrete Merkmale seiner Wunschvorstellung zu nennen, aus denen dann relativ leicht ein Gesamtziel abzuleiten ist.

zum Problem selber:

- „Wie würde es genau sein, wenn das nächste Mal das Problem nicht aufträte?"
- „Wenn über Nacht ein Wunder geschehen würde, woran würden Sie den Unterschied als erstes bemerken?" („Was ist das Wichtigste für Sie an der Veränderung?")
- „Was müsste passieren, damit für Sie das Problem völlig unerträglich wird?"

Dies ist eine merkwürdige „Risiko-Spezialfrage", die der Erklärung bedarf, denn eigentlich soll es doch hier nicht um noch schlimmere Vorstellungen gehen, sondern um angenehme Lösungen des Problems! Leuten, die sich sehr tief in eine stabile Problemsicht „verstrickt" haben, fällt es unter Umständen sehr schwer, sich überhaupt eine Lösungsmöglichkeit zu denken. Was ihnen dagegen relativ leicht fällt, ist, sich eine Verschlimmerung vorzustellen (schließlich sind sie die Experten für die schlimmsten Erwartungen). Während sie relativ leicht sagen können, was sich verändern müsste, damit es nicht noch schlimmer wird, sprechen sie über Veränderung. Mit einiger Wahrscheinlichkeit kann man dann die Veränderungsmöglichkeiten auch in Richtung einer Verbesserung der Situation diskutieren und abwägen.

Dies gelingt nicht immer! Manchmal ist es eine Sackgasse, dann sollte man als Berater andere Wege und Fragen ausprobieren. Man sollte mit einfachen, vertrauten Fragen zur grundsätzlichen Problemrekonstruktion zurückkehren, eventuell den Ratsuchenden noch einmal in anderen Worten das Problem schildern lassen und sich erst wieder auf hypothetische Fragen einlassen, wenn man als Berater den Eindruck hat, dass der Ratsuchende tatsächlich „andere" (= hypothetische) Blickwinkel überhaupt einnehmen kann. Dazu gehört die Fähigkeit, sich vom eigenen Thema wenigstens so weit zu distanzieren, dass nicht jeder Gedanke durch den belasteten eigenen Standpunkt geprägt wird und so eine echte Distanzierung nicht möglich ist.

Manchmal ist die Frage eben zu „ungewöhnlich" und daher nicht mehr „angemessen", was man an der Reaktion ablesen kann und muss. Geduld, Ruhe und das Verlassen-Können von offensichtlichen Irrwegen sind hier die geforderten Fertigkeiten der Berater. Berater unterliegen somit demselben Phänomen wie der von ihnen Beratene: Ein durch innere Wertvorstellungen allzu stark geprägter Standpunkt wird mich massiv in der Wahl der gestellten Fragen beeinflussen, ohne dass mir das bewusst sein muss. Ich muss mir als Berater also immer wieder klarmachen, dass es nicht um die Durchsetzung einer mir eigenen Interpretation geht, sondern darum, eine für den Ratsuchenden geeignete Lösungsstrategie zu entwickeln (die unter Umständen zu meiner eigenen Idee überhaupt nicht passt!).

zur Entwicklung von Lösungen:

- „Wer könnte Herrn X am besten helfen, das Problem zu lösen und wie?"
- „Wie können Sie mir helfen, damit ich Ihnen helfen kann?"

Auch diese Fragen gehören zu den eher ungewöhnlichen, irritierenden Fragen. Das Merkwürdige ist (man muss das einmal erlebt haben), dass Menschen häufig nicht wissen, wie sie ihre problematische Lage verbessern können, aber auf die Frage, was man für sie tun kann, durchaus Antworten wissen, die den Beratungsprozess weiterbringen. Es kommen Antworten wie „Sie müssten eigentlich jetzt mal nach ... fragen!" oder „Fragen Sie mich doch mal nach dem und dem ...!" Wie kann das sein? Eine Erklärung könnte sein, dass der Ratsuchende sich ganz nah an einem Weg, einem Knotenpunkt befindet, ihn aber aus irgendwelchen Gründen nicht erwähnt (Tabus können dagegen sprechen, zum Beispiel „ich schwärze doch hier meinen Chef nicht an!" oder andere Gründe, die wir nicht kennen). Man kann es auch ganz anders ausdrücken: Viele Leute antworten eben nicht auf Fragen, die nicht gestellt wurden. Äußerungen wie: „Danach haben Sie mich aber gar nicht gefragt!" sprechen dafür. Warum das so ist, mag Raum für interessante Spekulationen geben, ein Versuch ist es jedenfalls wert, solch eine Frage zu stellen, um einen Hinweis zu bekommen, wie es weitergehen könnte.

- „Falls sich das Problem als unlösbar erweist, wer findet sich und warum damit am schnellsten ab? Wer zieht welche Konsequenzen?"

Diese Fragen zielen auf den immerhin möglichen Umstand ab, dass das Problem zu denjenigen zählen könnte, die einfach nicht lösbar sind. Die Frage müsste dann anders gestellt werden, möchte man noch etwas für den Ratsuchenden tun, und das kann eben die Frage sein, wie gehe ich mit unveränderlichen Tatsachen zu meinen Gunsten, zu meinem Nutzen am geschicktesten um?

zur scheinbaren Lösung:

- Stellen Sie sich vor, Sie kommen morgen früh in Ihr Büro und der Problemmitarbeiter (aus welchen Gründen auch immer!) ist nicht mehr da, was passiert dann? ... ist das eine passable Lösung? ... wie entwickelt sich das Ganze weiter?

Man mag die Antwort (eventuell nach einigem Stutzen) bekommen: „Ja, also dann, also, naja, wissen Sie, dann dauert das drei Monate, dann haben wir einen Nachfolger, und wenn ich ehrlich bin, ich glaube, dass das Ganze dann von vorne losgehen könnte." Diese Antwort könnte ein klarer Hinweis auf die „Funktion" eines Problems sein (in diesem Falle vielleicht der Hinweise auf die Sündenbock-Funktion des „Problemmitarbeiters", die er für die gesamte Gruppe innehat). Siehe dazu auch den Abschnitt: 4.4.6 Reframing.

zum Abschluss des Gespräches:

- „Wie sollten wir Ihrer Meinung nach weiter vorgehen? Was könnte Ihnen noch mehr Sicherheit geben?"

Gegen Ende eines Gespräches sollte man die grobe Richtung herausfinden, in der Lösungsvorschläge erdacht werden sollen. Wir können ziemlich sicher sein, dass ein Ratsuchender einen Weg, der überhaupt nicht zu ihm passt, auch nicht oder nur unvollständig beschreiten wird.
Diesem Umstand wird im Ablauf der Teamsitzungen dadurch Rechnung getragen, dass der Ratsuchende, bevor eine Schlussrunde mit konkreten Vorschlägen stattfindet, aufgefordert wird, alle bisher entwickelten Gedanken zusammenfassend zu kommentieren. Die Berater erhalten so wichtige Hinweise auf Sackgassen und können Vorschläge entwickeln, die mit höherer Wahrscheinlichkeit umgesetzt werden. Siehe dazu auch die Kommentare zum Ablaufplan und die Hinweise zu „Veränderungen anstoßen" und „Veränderungsprozesse".

Achtung: Verwechseln Sie nicht suggestive Fragen mit konstruktivistischen Fragen!

Die Frage: „Meinen Sie nicht auch, also, wie wäre es denn, wenn Sie nächsten Mittwoch bei der nächsten Mitarbeiterbesprechung zu Ihrem Mitarbeiter folgendes sagen: , ... '?" Dies ist keine Frage, sondern ein als Frage getarnter Ratschlag und entspricht ganz und gar nicht den Absichten der Fragerunden oder der das Problem erforschenden „Reporterhaltung".
Zusammenfassend kann man zu den Fragetechniken etwa folgendes sagen: Alle Fragen dienen dem übergeordneten Ziel, eine möglichst breite, differenzierte Grundlage zu schaffen für die späteren Lösungsalternativen, die einerseits von den Gruppen-

mitgliedern vorgeschlagen werden, andererseits meist vom Ratsuchenden bereits während des Beratungsprozesses selbst entwickelt werden. Der Kreativität sind hier keine Grenzen gesetzt außer der, dass man selbstverständlicherweise auf Hinweise des Ratsuchenden, die auf Verletzungen, auf Unangemessenheit einer Frage, eben auf Sackgassen und „Einmischungen" hindeuten, die nicht mehr hingenommen werden können, entsprechend sensibel und wohlwollend reagiert. Damit das Team zunehmend besser solche Grenzen wahrnimmt, empfiehlt es sich nach einer Beratungsrunde, den Ratsuchenden ausführlich nach der von ihm subjektiv empfundenen Atmosphäre der gesamten Beratung zu befragen, wenn er zu diesem Zeitpunkt in der Lage dazu ist. So kann der Prozess und die Qualität der Fragen laufend verbessert werden. Und der Beratungsansatz macht seinem Anspruch auf Gegenseitigkeit alle Ehre.

4.2.7 Einsatz von Metaphern

Das Wort „Metapher" stammt aus dem Griechischen und bedeutet soviel, wie „aus einem anderen Gegenstandsbereich stammende Übertragung" (frei übersetzt). Metaphern sind Bilder, Geschichten, die mit dem Gegenstand der aktuellen Unterhaltung zwischen Beratern und Ratsuchendem gar nichts zu tun haben, was die „Rahmenhandlung" einer Metapher angeht. Was die Probleme, die anliegen, angeht, dagegen umso mehr.
Beispiel: Mit Ingenieuren kann man sehr gut über Technik reden, im Allgemeinen jedoch sehr viel schlechter über Gefühle. Dazu fehlt ihnen ganz offenbar (jedenfalls sehr vielen von ihnen) die Erfahrung im Alltagsleben. Dazu kommt eine mehr oder weniger verhohlene Angst vor allem, was mit „Psychologie", „Gefühlsduselei" und anderen Dingen, die manchmal sogar als „Weiberkram" abgetan werden, zu tun hat. Wieso soll ich einen Ingenieur erst lange zu überzeugen versuchen, dass Gefühle

möglicherweise eine wichtige Rolle spielen, wenn er einen seit zwei Jahren schwelenden und zermürbenden Kleinkrieg gegen einen Kollegen führt, an dessen Ende er vielleicht mit einem Magengeschwür und gänzlich desillusioniert zurückbleiben wird? Die Unterhaltung wird leicht lächerlich.

Ich kann einem Ingenieur aber leicht einen Gegenstandsbereich, den er beherrscht, anbieten. Plattes Beispiel: „Wann musste Ihr Auto eigentlich zuletzt zur Inspektion?" „An die Boxen gehen", „Ventile einstellen", „Reifen- und Ölwechsel", et cetera. Darüber kann ein Ingenieur leicht reden und die problematische Situation, die man gerade versucht zu erhellen, ihm dadurch verdeutlichen, indem man sie auf diesen Gegenstandsbereich überträgt. Der Kollege wird zum konkurrierenden Rennfahrer, der andere Kollege zum Mechaniker, Ruhepausen zur Inspektion und so weiter.

Eine andere Möglichkeit, Metaphern einzusetzen, macht Spaß und ist überall da angebracht, wo der Ratsuchende Schwierigkeiten hat, zu beschreiben, zu konkretisieren, zu definieren, was er meint. Das kann also in der Phase des „Ausarbeitens eines Problems", ebenso aber auch in einer Phase „Entwicklung neuer Ideen, neuer Strategien zum Ende einer Teamsitzung" hilfreich sein.

Ein Beispiel:

Ratsuchender: „Ich bin so unzufrieden mit meiner alltäglichen Arbeitsatmosphäre. Das macht mich ganz krank, so kann ich nicht arbeiten. Ich muss unbedingt zufriedener werden."
Berater: „Was meinen Sie denn mit ‚zufriedener' genau?"
Ratsuchender: „Na, eben zufriedener ... zufriedener halt!"
Berater versucht eine Metapher und zeichnet dies dazu auf ein Blatt Papier: „Stellen Sie sich das hier mal als ‚Zufriedenheitsthermometer' vor!" ...

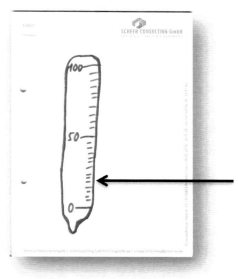

Berater: "Wie hoch ist Ihre Zufriedenheit im Moment?"

Antwort des Ratsuchenden:
20 % („mir geht's echt schlecht!")

Berater: „Wie hoch soll Ihr Zufriedenheits-Thermometer denn stehen, wenn unsere Beratung erfolgreich sein soll?"

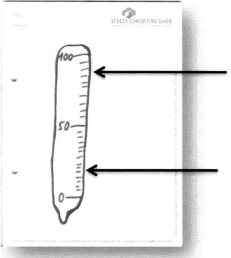

Antwort des Ratsuchenden, indem er die „80-%-Marke" kennzeichnet

[Zustand 20 %: „Mir geht's echt schlecht!"]

Berater: „Wieso denn nicht 100%?"

Ratsuchender: „100% kann es nicht sein, das ist ja unrealistisch!"

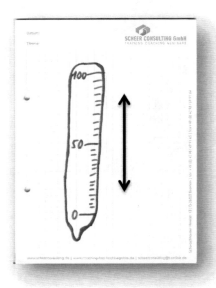

Berater: „Tja, und was macht nun diesen Unterschied aus? Was muss passieren, damit Sie auf Ihrem Thermometer diese Anzeige erreichen?"

Antwort des Ratsuchenden (wie „aus der Pistole geschossen"): „Wenn dieser Kerl, dieser Meyerdiercks, aufhören würde, morgens früh meine Sachen auf meinem Schreibtisch in Unordnung zu bringen, nämlich wenn er wegen eines Problems kommt, sich setzt, erzählt und dabei mit den Händen wie beiläufig in meinen Papieren wühlt! Ja, dann wäre ich Morgen mittags schon hier bei ... sagen wir ... 60 % ..."

Ergebnis des Einsatzes einer Metapher:

In vielen Fällen hilft eine Metapher, wie auch in diesem Beispiel, Dinge konkret beim Namen zu nennen, Unterschiede von „Zuständen" zu konkretisieren, „verhandelbar" zu machen. Manchmal wenden Ratsuchende auch intuitiv Metaphern an, auf die der Berater eingehen sollte, weil sie häufig viel deutlichere Bezüge zur Gefühlswelt des Ratsuchenden haben als trockene Beschreibungen.

Beispiel:

„Um Himmels willen, der behandelt mich ja wie so ein neureicher Gigolo einen pickeligen Sechstklässler auf dem Schulhof!"
Eine gute Gelegenheit, in das Bild „mit einzusteigen" und zum Beispiel zu fragen: „Was müsste denn passieren, damit der Gigolo Sie wie einen normalen Mitschüler behandelt?"
Eine Metapher kann einen Klienten auch so provozieren, dass er das Heft wieder in die Hand nimmt und selber schnell wieder Regie führt, obwohl er sich selbst noch kurz vorher zum Opfer und gerade dazu außerstande erklärt hat. Als Beispiel dazu sei der Abteilungsleiter genannt, der, mit der Metapher „Maria Theresa", die nur für ihn eine spezifische Bedeutung hatte, ein paar Sekunden lang schwanger ging, bis er für sich die Lösung seines Problems beim Schopf packte und die Sitzung beendete. Das Bild, welches er mit der Äußerung des Namens „Maria Theresa" (keiner aus der Beratungsrunde wusste, was damit gemeint war, bis er es erklärte, denn es handelte sich offenbar um ein akustisches Missverständnis), war für ihn derart provozierend, weil es das genaue Gegenteil dessen darstellte, was er selbst mit seiner Tätigkeit verband. Zum genauen Verständnis dieses etwas komplizierten Falles den Kasten „Fallbeispiel ‚Maria Theresa'" auf Seite 84.
Metaphern bietet der Ratsuchende selbst an („Ich fühle mich wie ein Wrack!", „Mir geht's wie einer alten Uhr!", „Bald ist aber die Luft 'raus!" o. ä.), dann kann man sie aufgreifen („Ach, erzählen Sie doch mal! Wie ist das mit dem Wrack, wie sieht das aus?"). Manchmal drängen sich dem Berater auch Metaphern geradezu auf, meistens durch die Sprache des Ratsuchenden, die zum Beispiel in Managerkreisen häufig sehr „kriegerisch" anmutet (da gibt es „Verkaufsschlachten", die „Front", „Grabenkriege", „Frontalangriffe", „volle Breitseiten", „Rückzugsgefechte", et cetera). Dann kann man dem Ratsuchenden direkt anbieten, bei einem bestimmten Bild zu bleiben,

zum Beispiel beim „Hunderennen" um einen bestimmten Posten. Schließlich kann man auch mutwillig eine Metapher erfinden oder mit dem Klienten verhandeln: „Was meinen Sie denn, passt als Bild oder als Story, nehmen Sie zum Beispiel einen berühmten Film oder irgendetwas anderes ..., was passt eigentlich am besten zu Ihrer momentanen Situation?"

☯ Fallbeispiel „Maria Theresa"

Ein Abteilungsleiter kam zur Teamberatung[8], weil er sich in einem Teufelskreis wähnte: Er hätte ein erhebliches Motivationsproblem in seiner Abteilung. Würde er hart durchgreifen, wie er es früher gemacht habe, käme es nur zu Trotzreaktionen. Aber so, wie er jetzt alles manage, tanzten ihm alle auf der Nase herum. Die Beratungsrunde experimentierte damals mit verschiedenen Versionen der Raum- und Rollenaufteilung im Team, und diesmal hatte die Beratungsrunde eine Version gewählt, die eine Videoaufzeichnung des Gesprächs erlaubte, das ein einzelner „Interviewer" mit dem Ratsuchenden führte, während das „Beratungsteam" akustisch halbwegs abgeschottet hinter einer Wand aus Schränken saß und leise während des Gesprächs Hypothesen austauschte und die eine oder andere Bemerkung machte. Plötzlich, während kaum klar war, worum es überhaupt ging (es war nicht klar, worin der Teufelskreis bestand, und wie genau er das „Motivationsproblem" auffasste; einigermaßen klar war indes, dass er glaubte, von niemandem mehr ernst genommen zu werden, und man ihm vorwarf, keine Entscheidungen zu fällen), unterbrach der Ratsuchende selbst das Gespräch und rief in die Richtung des Teams hinter dem Schrank: „Da hat doch jemand eben „Maria Theresa" gesagt. Was mei-

---

[8] Die Beratungsrunde setzte sich aus internen Mitarbeiter (Sachbearbeitern und dem internen Juristen für Grundsatzfragen) der Versicherungsgesellschaft zusammen, bei der der Autor beschäftigt war, Moderation: Scheer. Dauer der Sitzung: knapp eine halbe Stunde.

nen Sie denn damit?" Die Mitglieder des Teams schauten sich an und schüttelten die Köpfe: „Maria Theresa?" - „Von uns kann sich keiner erinnern, das gesagt zu haben!" Der Abteilungsleiter aber bestand darauf, dass es jemand erwähnt hätte. Schließlich fragte der Interviewer (während das Team noch grübelte, was damit gemeint sein könnte), was denn der Ratsuchende selber damit verbinden würde? Er antwortete sehr nachdenklich, aber auch ein bisschen erregt: „Das kann doch wohl nicht mein Job sein hier. ‚Maria Theresa': dekorativ und doof?! Ich bin Abteilungsleiter. Im Übrigen habe ich so lange gar keine Zeit mehr! Passen Sie auf, ich werde folgendes machen: ..." Und dann zählte er dem überraschten Team zwei bis drei Dinge auf, die er in den nächsten Tagen erledigen wollte, und verabschiedete sich höflich, aber deutlich und schnell vom Team. Er werde sich wieder melden. Und das Team? Das Team stand da und glaubte zunächst an einen Misserfolg (siehe dazu auch das Kapitel „Misserfolge").

Um es kurz zu machen: Das Team schaute sich das Video an. Der Ausdruck oder die Worte „Maria Theresa" waren nicht zu hören. Ratlos stand das Team da und hoffte auf eine Meldung des Ratsuchenden. Die kam prompt etwa zwei Wochen später, gleich mit einer Erklärung dazu, wie sie das Team nicht hätte besser liefern können. Er bedankte sich für die gute Beratung, besonders die etwas spitzen Bemerkungen wie die eigentlich ein wenig freche „Maria Theresa" hätten ihm gefallen. Er hätte sich dadurch etwas provoziert gefühlt, aber das wäre wohl auch der Sinn dieser Art Beratung, wie er vermutete. Jedenfalls hätte er die Konsequenzen gezogen und sein Verhalten „grundlegend" geändert. Er berichtete von einsetzenden Veränderungen im Verhalten seiner Mitarbeiter, von kleinen Anfangserfolgen seiner Strategie, „das Ruder wieder in die Hand zu nehmen".

Das Team staunte: Der entscheidende Gedanke, der zur erfolgreichen Strategie geführt hatte, war durch eine Bemerkung, die zwar niemand gesagt hatte, aber der Ratsuchende trotzdem „gehört" hatte, ausgelöst worden. Das zeigte wieder einmal: Das

Entscheidende ist in der Kommunikation immer nur das, was ankommt, nicht das, was jemand sagen wollte. Funktioniert hat es trotzdem.

Man kann dieses Beispiel mit Sicherheit auch anders oder komplizierter interpretieren. Über Langzeitwirkungen hat die Beratungsrunde in diesem Falle nichts erfahren, das unterscheidet sie allerdings nicht von den meisten anderen Beratungsansätzen.

4.2.8 Schlüsselwörter aufgreifen

Schlüsselwörter aufgreifen heißt nichts anderes, als dass ich beim Zuhören darauf achte, welche Wörter/Begriffe, die der Ratsuchende benutzt, mir als bedeutsam erscheinen, um weiter zu hinterfragen, was damit genau gemeint ist[9]. Beispiel: Der Ratsuchende erzählt, dass er neulich mit seiner kleinen Tochter beim Arzt war, sagt allerdings nichts weiter dazu. Ich als Berater möchte mehr über diesen Arztbesuch erfahren und wiederhole dazu nur mit fragendem Ton in der Stimme das Schlüsselwort „Arzt?!", worauf der Ratsuchende vom Arztbesuch berichtet. Mit dem Aufgreifen und Hinterfragen von Schlüsselbegriffen habe ich eine gute und starke Steuermöglichkeit für das Gespräch und kann verschiedene Vertiefungen versuchen, um die „Problemlandschaft" auszuloten. Ein Schlüsselwort führt immer weiter in Details hinein, es sei denn, für den Ratsuchenden stellt sich der vermeintliche Schlüsselbegriff als Sackgasse heraus, dann wird er diesen Punkt nicht besonders intensiv

---

[9] Hier mag der eine oder andere Leser einen Widerspruch zu der Spielregel entdecken, dass ein Teammitglied pro Runde nur eine Frage stellen darf. Das ist insofern richtig, als ein Teammitglied nicht in einen regelrechten Dialog mit dem Ratsuchenden gerät. Erstens kann jeder Teilnehmer einer Beratungsrunde aber auch Schlüsselwörter aufgreifen, die als Antwort auf die Frage eines anderen Teammitglieds kamen, zweitens sollte sich jeder Berater durch Wiederholen und Zusammenfassen zumindest dann des Verständnisses versichern, wenn er unsicher ist, ob er die Antwort auf seine (eine) Frage richtig verstanden hat.

behandeln wollen und lässt bald wieder von ihm ab. Dabei bietet er andere „Pfade" an, die ich wiederum durch das Hinterfragen von Schlüsselwörtern weiter verfolgen kann. Zum aktiven Zuhören gehört auch Wiederholen und Zusammenfassen.

4.2.9 Wiederholen und Zusammenfassen

Wiederholen und Zusammenfassen bedeutet nichts anderes, als dass ich in regelmäßigen kurzen Abständen beim Ratsuchenden nachfrage, ob ich ihn richtig verstanden habe, in dem ich das, was er gesagt hat, in meinen eigenen Worten wiederhole und mir Bestätigung für dieses Verständnis einhole. Denn nichts ist doch lästiger, als nur scheinbar über eine gemeinsame Sichtweise einer Sache zu sprechen und tatsächlich -aus welchen Gründen auch immer - genau aneinander vorbeizureden. Beide Gesprächspartner bleiben am Ende frustriert, manchmal ärgerlich auf der Strecke. Erst wenn ich positiv weiß, dass ich meinen Partner richtig verstanden habe, lohnt es sich, weiterzumachen, ansonsten reden wir am Ende über die Probleme des Beraters, meine nämlich und nicht mehr über die des Ratsuchenden. Und das hieße dann klar: Thema verfehlt!

Zudem bringt das Wiederholen und Zusammenfassen für den Ratsuchenden fast immer interessante, manchmal neue Aspekte zum Vorschein. Es ist ja gewissermaßen ein Spiegel, der ihm vorgehalten wird. So wird er auf beispielsweise eine spezielle Wortwahl aufmerksam, die er aus irgendeinem Grund getroffen hat, die ihm aber selber nicht bewusst ist. Dass es hier und da bei solch einem Kurzdialog zum Verständnis auch zu liebevollen Provokationen mit entsprechend verwirrender Wirkung kommen kann, ist ein gewünschter Nebeneffekt. Schließlich soll ja durch den Beratungsprozess die vielfach unbewusste Problem(re)konstruktion des Ratsuchenden in Frage gestellt werden, und möglicherweise einer zielführenderen (Re)konstruktion Platz machen und neue Handlungsmöglichkeiten eröffnen.

4.3 Modellieren der Problemkonstruktion des Ratsuchenden

Mit allen diesen Fragen und zusätzlich provozierten Stellungnahmen des Ratsuchenden sollte es gelingen, langsam aber sicher ein virtuelles Modell der „Problemlandschaft" zu erstellen, welches möglichst nah am Erleben und damit an der Wirklichkeitskonstruktion des Ratsuchenden liegt. Dies ist besonders wichtig, weil jedwede Umsetzung vorgeschlagener Lösungsstrategien umso besser funktionieren wird, je näher der jeweilige Ausgangspunkt der gefühlten Stellung, der Sichtweise des Ratsuchenden dem Problem gegenüber ist.

Zur „Problemlandschaft" gehören unbedingt die beteiligten Personen mit Ihren jeweiligen Perspektiven auf das „Problem". Wer hat welche Interessen? Wer steckt mit wem unter einer Decke? Wie sehen die Sympathie- und Antipathie-Beziehungen aus? Wer könnte hilfreich sein, wer wird eventuell gegen eine Lösung anarbeiten? Was gibt es für erkennbare Allianzen? Und welche können vermutet werden? Wie ist der Kontext beschaffen. Gibt es indirekte Stakeholder? Wie wird sich der Kontext verhalten bei wesentlichen Veränderungen? Die zeitliche Entwicklung ist zu betrachten: Wie hat sich das Ganze „geschichtlich" entwickelt? Wie wird es sich entwickeln, wenn niemand mehr versucht einzugreifen? Und schließlich: Was gibt es für Erfahrungen mit ähnlichen Geschehnissen/Phänomenen in der Vergangenheit des relevanten Systems? Was gab es bereits für Lösungsversuche, und wie sind sie und warum vermutlich so verlaufen? Wer hat Interesse, dass das Problem nicht gelöst wird? Wieso meint gerade der Ratsuchende, das Problem lösen zu müssen?

4.4 Feedback und Hypothesengenerierung durch die Beratergruppe

Diese Phase ist mit Abstand für den Ratsuchenden die wichtigste Phase der gesamten Reflecting Team Arbeit. Hier erfährt er, wie die Problem(re)konstruktion von den Beratern aufgefasst wird. Er erfährt also die vielfältig unterscheidbare (Re)konstruktion ein und desselben Geschehens, welches ihn belastet, durch „fremde" Beobachter, also in der Regel für ihn neue oder jedenfalls nicht gewohnte Interpretationen. Manchmal ist mitten in dieser Phase die Beratungsrunde vorbei. Es kommt selten, aber regelmäßig vor, dass der Ratsuchende den Prozess hier beendet. Er hat so viele neue Aspekte erfahren, ihm fremde Ideen gehört, dass er womöglich sagt: „Ich habe genug!" „Ich weiß, was ich machen soll. Ich kann gar nicht mehr zuhören!", woraufhin er in der Regel bekannt gibt, welche Lösungsstrategie er gefunden hat und wie er sie umsetzen wird.

4.4.1 Hypothesengenerierung – was steckt hinter dem Problem?

Hier äußert jeder Berater seine Hypothese(n) zur Entstehung und zur Aufrechterhaltung des Problems. Dabei befruchtet die Gruppe sich gegenseitig ähnlich wie in einer brainstorming Sitzung.
Der Ratsuchende sitzt abseits (oder wieder hinter einer Pinnwand, um störende nonverbale oder sogar verbale Dialoge zu verhindern) und hört zu, macht sich Notizen oder lässt für sich von einem Gruppenmitglied mitschreiben (siehe Dokumentation, Seite 115). Er ist wieder nach Abschluss der Runde an der Reihe. Dann kann er Kommentare zur Hypothesengenerierung abgeben.

4.4.2 Komplimente für die Ressourcen und Kompetenzen des Ratsuchenden

Es spricht alles dafür, dem Ratsuchenden, für identifizierte Kompetenzen oder besondere Leistungen oder für besonderen Mut, für tolle Ideen oder für gewagte Aktionen Komplimente auszusprechen. Will man doch insgesamt erreichen, dass der

Ratsuchende selbstständig und alleine möglichst viele seiner Ressourcen und Kompetenzen mutig einsetzt, um Änderungen zu seinen Gunsten zu verwirklichen.

4.4.3 Kopfkino der Berater

Was sich bewährt hat ist, den „Film", der sich während der Interviews in den Köpfen der Berater „gedreht" hat, abzurufen, und zu veröffentlichen. Das fällt einigen Beratern leichter als anderen, zwingen sollte man niemanden. Diese berichteten „Geschichten", die rein assoziativ in den Köpfen der Berater entstanden, enthalten manchmal wichtige und spontane Ideen, die der Ratsuchende gewinnbringend einsetzen könnte.

4.4.4 Systematisierter Perspektivenwechsel der Berater

Sehr hilfreich für den Ratsuchenden kann auch werden, wenn der Moderator jeden Berater auffordert, jeweils eine Perspektive einer der nach Auskunft des Ratsuchenden beteiligten Personen einzunehmen und für eine Zeit lang in einer „Diskussion" über das Thema auch zu vertreten. Der Moderator oder ein anderer aus der Gruppe kann dann die imaginäre Person auch befragen. Das kann selbstverständlich auch der Ratsuchende machen, oder es macht für ihn stellvertretend einer der anderen Berater. Oder ein Berater stellt sich als Ratsuchender zur Verfügung und lässt sich nach der Entstehung des Problems befragen. Er antwortet natürlich aus der Perspektive, die er vorher als Berater hatte.
Hier sind der Kreativität prinzipiell keine Grenzen gesetzt. Bleibt man eng an der berichteten „Story" des Ratsuchenden (dafür muss der Moderator sorgen!), entstehen für den Ratsuchenden laufend neue interessante Perspektiven auf sein ursprüngliches „Problem".

4.4.5 Systematische Verschlimmerung der Lage

Was zunächst geradezu „verrückt" klingt, ist oft sehr hilfreich. Vor allem dann, wenn sich der Ratschende so darstellt, als wäre nichts, „aber auch gar nichts!" an seinem Problem „zu drehen", ihm wäre nicht zu helfen. Durch die Beschäftigung mit der Verschlimmerung des Problems bis zur regelrechten Katastrophe wird häufig erst deutlich, dass der Ratsuchende in der Tat nicht nur eingreifen sollte, sondern dass das auch von Erfolg gekrönt sein kann!

4.4.6 Reframing

Es ist doch ein naheliegender Gedanke: Wenn ein und dasselbe Geschehen bei dem einen Menschen bestenfalls Belustigung oder gar nichts auslöst, dem anderen stattdessen sogar Angst machen kann, nur weil zwei verschiedene Beobachter etwas auf zwei völlig verschiedene Weisen „rekonstruieren", dann müsste es doch auch klappen können, ein und denselben Beobachter einer Szene dazu bewegen zu können, die Perspektive (wenigstens experimentell) zu wechseln, um zu versuchen, ein und dasselbe Geschehen von verschiedenen Blickwinkeln aus zu betrachten und zu bewerten. Genau das ist im Alltag der Fall:
Immer wenn es regnet und sich die ersten Leute über das „schlechte Wetter" aufzuregen beginnen, heißt es gleich dazu: „Aber die Landwirtschaft freut sich!" So hat die negative Seite der Medaille auch ihren Gegenpart, die positive Seite! Der Witz ist der, dass, wenn einem die Landwirtschaft wirklich wichtig ist, kommt man mit Regen wesentlich besser zurecht, als wenn einem die Landwirtschaft völlig egal ist. Banal? Ja!
Trotzdem: Das Spannendste daran ist, dass die (subjektive) Tatsache, ob jemand durch irgendetwas schwer belastet ist oder nicht, meistens weniger von der „objek-

tiven Tatsache" abhängig ist, als von der Person, die diese Tatsache gerade betrachtet beziehungsweise deren Blickwinkel, den sie gerade einnimmt.

Dazu ein paar „Sprüche" zur Verdeutlichung:

- Alles, was gesagt wird, sagt ein Beobachter zu einem anderen (der er selbst sein kann).

- Manchmal sagt eine Beobachtung mehr über den Beobachter als über den Beobachteten.

- Sprache schafft Wirklichkeiten - andere Sprache schafft andere Wirklichkeiten.

„Es gibt..." ……………………….. (besser: man kann beschreiben ...):

nicht die Wirklichkeit ………….. sondern <u>eine</u> Wirklichkeit

nicht ein Universum ………….. sondern <u>mehrere</u> „Multiversa"

nicht etwas ist …………………….. sondern etwas wird so oder so definiert/ beschrieben"

(Systemische Beratergruppe Kiel, 1987)

Klassische Reframing Metapher: „Jede Münze hat zwei Seiten!"

Bei genauer Betrachtung „stimmt" nicht einmal das! Es müsste – wenn überhaupt – heißen: „Jede Münze hat mindestens drei Seiten!"

Die Abbildung 6 oben zeigt die Zwei-Euro-Münze. Auf der einen Seite sieht man die „zwei", auf der anderen Seite das schöne Bremer Rathaus mit dem Roland davor.

Die Abbildung 7 links zeigt eindeutig, dass diese Münze noch eine dritte Seite hat. Sie kann sogar darauf stehen!

Anhand der Abbildung 8 rechts schließlich wird deutlich, dass es mit der Bestimmung der Anzahl der Seiten von Münzen nicht so richtig leicht ist. Befindet sie sich in Bewegung, kommt je nach Beobachterstandpunkt und –fähigkeit noch eine vierte Seite[10] (Betrachtungsergebnis („Kugel") oder fünfte Seite („runde Scheibe in Rotation") oder sechste Seite („nicht genau von der Umgebung abgrenzbares Streifenmuster auf einer ovalen Scheibe") und so weiter dazu.

---

[10] „Seite" hier entweder im physikalischen Sinne oder übertragen als „Eigenschaft"

Was bedeutet Reframing nun konkret? Erstens: Das Geschehen, welches als problematisch erlebt wird, wird berichtet. Natürlich kann man das Geschehen nicht ungeschehen machen! Gerade das versuchen viele Leute, indem sie versuchen, jemandem sein Problem „auszureden". „Ach, so schlimm war/ist das doch gar nicht!", „Das musst Du nicht so wichtig nehmen!", bis hin zu tröstenden Vergleichen mit Menschen, denen es angeblich noch schlechter geht: „Ach, sieh´ mal, so schlimm ist das doch nicht. Schau mal, es gibt Menschen, die haben überhaupt nicht genug zu essen! Im Vergleich zu denen geht es Dir doch prima!"

So ein „Trost" mag manchmal funktionieren. Nur wenn ich das bei jemand versuche, dessen bester Freund gerade bei einem Verkehrsunfall ums Leben kam, werde ich damit seine Not kaum lindern!

Es geht nicht um plattes „Positives Denken", auch nicht darum, eine rosarote Brille aufzusetzen und die Probleme zu verdrängen. Ganz im Gegenteil: Es geht darum - wenn man so will - die „Probleme" zu akzeptieren und das Beste daraus zu machen! Oder anders ausgedrückt: Es geht darum, die als problematisch erlebten Situationen unangetastet zu lassen, die sind eh nicht mehr änderbar, weil in der Vergangenheit liegend (siehe oben), sondern möglicherweise die Bedeutung solch eines Ereignisses, die der Ratsuchende ihm beilegt, zu seinem Nutzen zu beeinflussen (positive Konnotation von Ereignissen). Ein paar praktische Beispiele:

Ich kann meinen neuen, frisch von der Uni stammenden Mitarbeiter verschieden betrachten, wenn mir aufgefallen ist, dass er wenig Praxis besitzt (wen wundert's), jedoch stets theoretisch kommentiert (logisch!). Die erste Betrachtungsweise, die leider viele von uns wählen (das liegt meist an den Umständen einer Einstellung), ist folgende: Ich fange langsam, aber sicher unter dem Neuen an zu leiden, weil ich mit meiner Praxiserfahrung einiges besser beurteilen kann und mir nicht dauernd hereinreden lassen will. Langsam entwickle ich solch einen Hass gegen den „Neuen", der mittlerweile schon längst nicht mehr neu ist, dass jeder konstruktive Kontakt unmöglich wird. Immer auf der Grundlage der stabilen Betrachtungsweise (zum Beispiel): „Der will mir mit seinen Theorievorträgen besserwisserisch reinreden und mir meine Stellung streitig machen!"

Eine andere (wie ich finde wesentlich gesündere) Betrachtungsweise wäre zum Beispiel die folgende:

Ich lasse die Situation so wie sie ist (siehe oben), betrachte aber einmal das Verhalten des „Neuen" als zunächst „neutral", nicht böswillig produziert, sondern im Gegenteil: Was soll er denn als Neuer von der Uni kommend tun, um sich zu beteiligen? Er tut das, was er am besten kann: theoretisieren. Jeder tut doch das, was er am besten kann, am liebsten und am sichersten! Bloß: Was habe ich davon? Ganz einfach: Ich bekomme neue Impulse, die ich sonst nie wahrnehmen würde, weil ich eben schon seit –zig Jahren den Kontakt zur Uni verloren habe und bei meinem Alltagsstress mich gar nicht um so etwas kümmern kann. Also gehe ich doch lieber auf die Suche nach dem Nutzen, den mir diese Situation bringt, oder?

So betrachtet kann sich sogar eine fruchtbare, kollegiale Zusammenarbeit entwickeln. Man muss sich ja nicht gleich heiraten, jedoch zusammenarbeiten kann man doch mal versuchen ...

Andere Beispiele:

Problem: Ein Handballtrainer beschwert sich über unzuverlässige Spieler. **Umdeutung:** Unberechenbarkeit ist in der Bundesliga ein Pluspunkt.

Erläuterung: Wenn „Unzuverlässigkeit" für den Trainer bedeutet: Mal spielt er so, mal so, er hat keinen durchgängigen, verlässlichen Stil, dann bedeutet das unter Umständen auch, dass der Gegner sich ebenfalls nicht auf den Spieler einstellen kann, und das kann der Trainer positiv bewerten.

Problem (von Otto Rehhagel, offenbar ein begnadeter Reframer): Spieler macht ständig Ärger.

Umdeutung: Wer mir keine Probleme macht, macht dem Gegner auch keine!

Problem: Wir haben eine „Problemmitarbeiterin" (die bereits erwähnte „Frau Anger"), um die wir uns alle kümmern, nur es hilft nichts, die Frau ist nicht mehr tragbar!"

Umdeutung: Die Frau ist das „Sorgenkind" der Abteilung. Wenn sie nicht wäre, dann müssten sich alle anderen mit den (bedrohlichen) Problemen beschäftigen, die wirklich anliegen und die unangenehmerweise sehr viel mit den Beziehungen untereinander zu tun haben. Die Rekonstruktion, das heißt die Betrachtungsweise, die Frau Anger sei so eine Art umgekehrter Sündenbock, erfordert vollständig andere Handlungsentwürfe, um das „Problem" in den Griff zu kriegen.

Zum letzten Beispiel muss im Folgenden noch ein kleiner „Umweg" erwähnt werden, der oft sehr hilfreich ist, um gezielt „Reframings" für eine als problematisch erlebte Situation oder Person zu entwickeln.

4.4.6.1 Zur Funktion von „Problemen"

Wenn ich etwas, das ich als Problem erlebe, ursächlich einer Person zuschreibe, gehe ich davon aus, dass das in der Person liegende Problem erstens tatsächlich vorhanden ist, dass es zweitens relativ unveränderlich ist (es ist ja ein „Charakterzug", „Persönlichkeitsmerkmal" o. ä.), und außerdem etwas mit mir zu tun haben muss (denn ich ärgere mich ja darüber), im schlimmsten Fall sogar direkt von der Person willentlich gegen mich gerichtet ist. Dies mag mehr oder weniger berechtigt sein, helfen wird es mir kaum, es sei denn, ich benötige zu meiner Beruhigung einen „Schuldigen". Will ich aber weniger einen „Schuldigen hängen sehen" als vielmehr das Problem in den Griff bekommen, bietet sich eine andere Sichtweise an.

Ich mache mich auf die Suche nach der Funktion, die das Verhalten dieser Person für eine bestimmte Gruppe (zum Beispiel Ihre Familie, Ihre Arbeitsgruppe, Ihr Verein und so weiter) haben könnte. Ob das „wirklich" so ist, das mag dahingestellt sein! Ich nehme (experimentell) an, das ist so etwas wie eine Funktion. Beispiele sind „Sündenbock", „Klassenkasper", „Hinterbänkler", „die einigende Kraft", die „Vereinsnudel", das „Faktotum", und andere „Rollen", die bestimmte Menschen in einer Gruppe „spielen". Auf eine Funktion komme ich durch folgende Fragen:

- Ist das „Problem" für jemanden von Nutzen?
- Gesetzt den Fall, das Problem wäre gelöst, wer hätte davon Nachteile?
- Was würde passieren, wenn der/die Mitarbeiter/in plötzlich nicht mehr da wäre, wie würde sich das Problem weiterentwickeln?

Außerdem durch Anbieten eigener Umdeutungen (des Beraterteams). Die Funktion, die ein Verhalten haben kann, kann dann entweder positiv bewertet werden (wer mir keine Probleme macht, macht dem Gegner auch keine) und macht damit den Kopf frei für wichtigere Dinge (das ursprünglich präsentierte Problem ist nicht selbst gelöst - was in einer Beratungsrunde ja gar nicht machbar wäre). Und ich kann wieder konstruktiv denken, die Situation entwickelt sich schließlich in meinem Sinne weiter, so dass das Problem gar nicht mehr auftaucht.

Oder, wenn die Umdeutung beziehungsweise die Suche nach der Funktion eines als problematisch erlebten Verhaltens dazu führt, eine ganz neue Sichtweise einzuführen, die zu einer „Erkenntnis" führt, die sonst nicht möglich wäre (Frau Problemmitarbeiterin sorgt in ihrer Funktion als „Sorgenkind" der Abteilung dafür, dass die wichtigen Probleme nicht angegangen werden), folgen auch neue Handlungsentwürfe der Beteiligten: „Da muss ich wohl mal was tun, dass die ihre Dinge in den Griff kriegen und ehrlich, mir stinkt das Klima hier schon lange!" (Original-Ton Abteilungsleiter einer großen Versicherung mit „Problemmitarbeiterin").

4.4.6.2 Reframing selbst

Das Problem wird „entdeckt" - destruktives Handeln wird immer wahrscheinlicher - das „Problem" wird systemisch analysiert (betrachtet) - Funktionen des Problems werden erkannt/konstruiert - Reframing (positive Umdeutung) wird entwickelt und wirkt, wenn erfolgreich, das heißt akzeptiert durch den Ratsuchenden: konstruktiveres Handeln wird wieder möglich – das Problem „verschwindet" schließlich.

Merke: Reframing bedeutet nicht „come to the sunny side of the street!', sondern die systematische Suche nach Nutzenaspekten in belastenden Geschehnissen, Beobachtungen und Wahrnehmungen des Ratsuchenden.

Reframing ist in diesem Zusammenhang auch eine Methode des „trial and error". Nimmt der Ratsuchende ein Reframing nicht an, ist nichts zu machen, auch wenn das Reframing noch so genial erscheint (und Berater haben manchmal tolle Ideen!). Hier ist besonders darauf zu achten, dass die Berater nicht als Gruppe dem Ratsuchenden versuchen, eine Sichtweise aufzuzwingen, weil sie diese besonders originell, attraktiv oder effektiv finden.

Der Versuch lohnt sich allemal, da ja oft gerade ein Teil des Problems nichts anderes ist als eine festgefahrene Sichtweise. Es gilt ja gerade, den zum einzig möglichen deklarierten „Referenzrahmen" des Problems durch „Reframing" zu erweitern, zu verändern, andere Referenzrahmen anzubieten.

☻ Ein Reframing Klassiker: „Der Schiri pfeift für die anderen!"

Ein Beispiel aus den „Urtagen" des „Kieler Beratungsmodells"[11]:
Die teilweise verschlungenen Pfade der Gedanken von Beratern und Ratsuchendem werden deutlich, die schließlich zu einem tragfähigen Reframing führten, das dem Ratsuchenden tatsächlich nutzte und die Gegner des beratenen Trainers und seiner Mannschaft zur Verzweiflung trieb. Entstanden ist dieses Reframing im Zusammenhang mit der Beratung des Bundesliga-Handballtrainers Johann Ingki Gunnarson, der damals den THW Kiel trainierte. Seine Beschwerde (sein Problem): Bei Auswärtsspielen pfeifen die Schiedsrichter immer zu unseren Ungunsten! Das Reframing: Das ist ein Zeichen, dass unser Team gewinnen kann!

Beim Reframing geht es nicht um das Schönreden eines Problems, nicht darum, eine endgültige „Wahrheit" (im Gegensatz zum berichteten „Problem" = „falsche Wahrheit") zu finden, sondern lediglich darum, neue Sichtweisen zu generieren, die dann in Folge effektiveres Handeln im Sinne des Ratsuchenden ermöglichen. Dazu ist es

---

[11] Aus: Workshop-Unterlagen der Systemischen Beratergruppe Kiel, 1991

nicht notwendig, dass andere, unbeteiligte Personen, das Reframing für sich akzeptieren können! Das Kriterium ist allein der Ratsuchende, um dessen Problem es geht. Das Entscheidende ist hier, dass die problematische, belastende Interpretation der „Tatsache", dass die Schiedsrichter zu Ungunsten der eigenen Mannschaft pfeifen, in eine eher ohnmächtige, hilflose Haltung führt und schließlich den Spielverlauf mit Sicherheit negativ beeinflusst (wenn man schon damit rechnet, ungerecht behandelt zu werden, ohne dagegen wirklich erfolgreich protestieren zu können, spielt man einfach ohne Elan!).

Die alternative Sichtweise, die durch das Aufstellen verschiedener Hypothesen im Laufe der Beratung zustande kam und schließlich für den Ratsuchenden, den verantwortlichen Trainer also, Gültigkeit hatte, sieht für exakt die gleichen „Tatsachen" eine eher Erfolg versprechende Interpretation vor: Den armen Kerlen der Heim-Mannschaft muss illegalerweise durch die „neutralen" Schiedsrichter geholfen werden, weil die sonst keine Chance hätten! Also: Ran, Jungs, wir gewinnen! Wir sind die Stärkeren!

Man muss die Folgen dieser Einstellung beachten, denn auch hier geht es ja nicht darum, um des Reframings Willen ein paar Gedankenexperimente zu schaffen! Die Folgen liegen auf der Hand: Mit dieser vom Trainer akzeptierten Sichtweise geht er viel entspannter auf die nächste dieser Situationen zu und diese Gewissheit (zu siegen zum Beispiel) überträgt sich logischerweise auf die Mannschaft, genauso wie die Angst, es nicht schaffen zu können, sich vom Spielfeldrand aus auch noch des letzten Mitglieds der Mannschaft bemächtigt. Denn das ist ja eine der zentralen Rollen der Trainer während des Spiels: Blitzschnell Botschaften zu senden, die Taktik und ähnliches angehen, also das Spiel wie ein Dirigent sein Orchester oder ein Vorgesetzter seinen Mitarbeiter zu leiten. Daher schauen die Spieler auf den Trainer und sind es in der Hitze des Gefechts auch gewohnt, wenn sie nicht hinschauen,

Anweisungen von der Trainerbank zu bekommen. In dieser Interaktion werden natürlich Stimmungsschwankungen extrem sensibel wahrgenommen und verarbeitet. In dieser Folge der Ereignisse, die auf ein Reframing folgen, liegt der Erfolg der Methode.

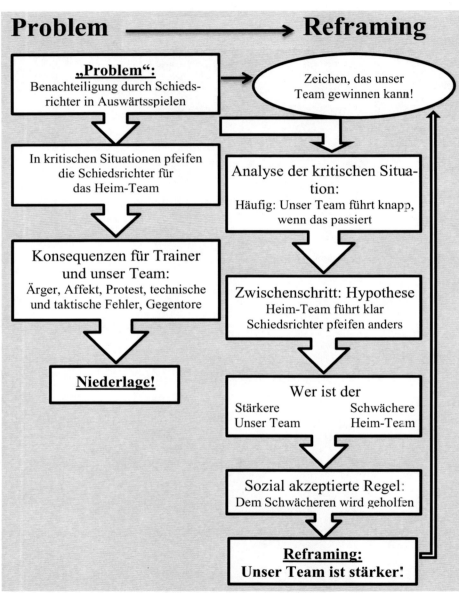

Abb.9: Schiedsrichter-Beispiel für erfolgreiches Reframing

4.5 Kommentar des Ratsuchenden

Hier kommentiert der Ratsuchende in laut sprechdenkender Weise, was er gehört hat. Streng genommen gibt er hier einen Kommentar ab, der besagt, was bei ihm ankommt, was bei ihm ausgelöst wird, durch das, was andere, unbeteiligte Menschen davon halten, was also an Bedeutungen bei ihm angekommen ist, aufgrund seiner Antworten auf Fragen, die ihm gestellt wurden, weil er ein Problem präsentiert hat. Eine kurze und zumeist – für den Ratsuchenden wie für die Berater sehr interessante und aufschlussreiche Runde.

Dem Ratsuchenden selbst wird hier oft der eine oder andere Aspekt erst richtig klar. Manche Ratsuchenden haben schon an dieser Stelle die Runde insgesamt beendet, weil sie so voller Ideen waren.

Manchem Berater wird allerdings auch deutlich, womit der Ratsuchende tatsächlich etwas anfangen kann und womit eher nicht.

Dies ist ganz wesentlich für die folgende Lösungsstrategie-Runde. Denn: in diesem Zusammenhang – es handelt sich hier um eine pragmatische Alltagsberatungsmethode – ist es entscheidend, dass der Ratsuchende nach der Runde tatsächlich anfängt zu seinen eigenen Gunsten aktiv zu werden, wenn auch vielleicht in kleinen Schritten.

Es geht gerade hier nicht darum, wer Recht hat oder welcher Berater den besten Vorschlag macht, sondern es geht nach wie vor um den Ratsuchenden, er steht immer noch mitsamt seiner eigenen individuellen Wirklichkeitskonstruktion im Vordergrund des gesamten Geschehens.

Die Berater müssen sich hier manchmal zurücknehmen und ihre eigenen Gefühle etwas zurückstellen, denn es geht nicht um sie. Sie sind hier vor allem Dienstleister. Der Ratsuchende ist der Souverän, der entscheidet, welche Wege er mit einer hohen Wahrscheinlichkeit beschreiten wird, um sein Problem aufzulösen.

Es ist eben kein Wettbewerb der Berater um die beste Lösung, den genialsten Vorschlag. Obwohl andererseits gerade eine solche Atmosphäre gerne aufkommen darf, denn das fördert die Kreativität der Berater und erhöht unter Umständen ganz massiv die Qualität der Vorschläge, die dem Ratsuchenden am Schluss präsentiert werden können.

Allen Beteiligten muss während des gesamten Prozesses, und natürlich gerade an dieser Stelle, klar sein, dass der Ratsuchende selbst entscheidet, was zu tun ist.

Auch an dieser Stelle sei noch einmal davor gewarnt: Es gibt Menschen, die, aus welchen Gründen auch immer, nicht in der Lage sind, zuzuschauen, wie andere Menschen Entscheidungen treffen, in denen sie sich selbst und ihre eigenen Gedanken und Ideen nicht angemessen berücksichtigt sehen. Solcherlei auch kontrollversessene Berater, haben in solchen Runden nichts zu suchen. Die würden nur eigene Frustration finden und vermutlich letztlich dem Ratsuchenden wenig hilfreich sein können.

Deswegen wird hier an dieser Stelle auch nicht diskutiert oder nachgefragt. Die Berater hören und verarbeiten, was der Ratsuchende sagt und berücksichtigen es in Ihren Lösungsentwürfen, in den von ihnen im Anschluss vorgebrachten Ideen zu Lösungsstrategien. Immer noch getreu dem Motto: Der Ratsuchende soll sich aus möglichst vielen unterscheidbaren, trotzdem nah an seiner Wirklichkeits(re)konstruktion orientierten Vorschlägen, souverän den aussuchen und ihn entsprechend modifizieren, der für ihn mit einer maximalen Umsetzungswahrscheinlichkeit versehen ist.

4.6 Klärungsfragen

Durch den Kommentar des Ratsuchenden tauchen manchmal neue Fragen auf. Oder Personen, nach denen man, angeregt durch den Kommentar, doch noch einmal fragen sollte. Dies ist einfach noch mal eine Gelegenheit für die Berater, alle wirklich für sie subjektiven Informationen zu bekommen, die für eine nahe am Erleben des Kunden liegende Lösungsstrategie wichtig sind. Merke: die Kommentare des Ratsuchenden selbst werden *nicht* kommentiert oder diskutiert!

4.7 Lösungsstrategievorschläge der Berater

Nachdem noch eventuell Restfragen geklärt sind, sollte jeder Berater in der Lage sein, einen konkreten Lösungsvorschlag zu machen.

Die Erfahrung zeigt, dass gerade engagierte Laienberater dazu neigen, die Ratsuchenden mit Lösungsvorschlägen zu erschlagen. Nicht aus bösem Willen, sondern gerade, weil sie so gerne helfen wollen, gerade, weil sie sich so intensiv mit dem Problem eines anderen Menschen beschäftigt haben wie vermutlich selten vorher im Leben. Speziell taucht ein bestimmtes Muster von „Kettenvorschlägen" immer wieder auf: „Du musst erst das, dann das, dann das... tun ... dann ... ". Damit so etwas funktioniert und nicht in die Katastrophe für beide Beteiligten – Berater und Ratsuchender – führt, müsste der Berater geradezu prophetisch begabt sein. Denn er schlägt ja den ersten Schritt gerade auch deswegen vor, weil er überzeugt ist, dass der Ratsuchende damit einen Schritt weiterkommt, denn er will ja tatsächlich helfen. Das heißt allerdings, dass sich bereits nach dem ersten Schritt etwas für den Ratsuchenden geändert haben wird, so die Überzeugung des Beraters. Um dann folgerichtig, den zweiten Schritt machen zu können, der dann auch noch richtig sein soll und so weiter. Das bedingt eine exakte Vorhersage der Veränderungen, die durch eine (einfache) Intervention entstehen werden. Und das überfordert immer noch jeden normalen Menschen und manchen Wahrsager.

Die Folge wäre fatal: Gerade in belastenden Kontexten kann folgen, dass der Ratsuchende den Schluss zieht: „Ich habe es ja gesagt: Mir ist nicht zu helfen!" und der Berater seinerseits steht als schlechter Berater da, der im Grunde versagt hat.

Beides ist für einen solchen Beratungsprozess wenig zielführend. Wie schon betont ist dieser Beratungsansatz ein relativ bescheidener. Das heißt er verzichtet weitgehend auf die Allmachts-Fantasien prophetischer Berater und Oberlehrer, die beispielsweise aus Versehen von sich auf andere schließen oder meinen, was gestern war, wird heute auch noch so sein, und deswegen dem Ratsuchenden (veraltete) eigene Erfahrungen überstülpen möchten.

Wir, die so und nicht anderes beraten, sind davon überzeugt, dass der Kunde letztlich immer sein bester Experte für umsetzbare Lösungen ist. Er wird in der Regel Vorschläge für sich verarbeiten, verändern und für ihn selbst umsetzbar machen. Aber auch nur solche Vorschläge, die zu ihm und seinen Denk- und Verhaltensstilen passen. Und das würden wir selbst wohl genauso machen.

Dies sollte so geschehen, wenn die Person, um die es geht, nicht tatsächlich „schwer gestört" ist, sondern halbwegs „normal funktioniert". Sollte die Person ernsthafte Probleme haben, die eher einen psychiatrischen Krankheitswert darstellen, gehört sie ohnehin nicht in eine kollegiale Beraterrunde á la Reflecting Team, sondern in Therapie!

Deswegen scheint mir nach langen Jahren der Erfahrung mit erfolgreichen Reflecting Teams folgendes „Strickmuster" für Lösungsvorschläge angemessen zu sein: „Wenn ich an Deiner / Ihrer Stelle wäre würde ich Folgendes tun …!" Oder, wenn der Ratsuchende nicht vis á vis anwesend ist, sondern beispielsweise hinter einer Pinnwand die Vorschläge anhört, um dialogische Auseinandersetzungen mit einem Berater beziehungsweise einen bestimmten Lösungsvorschlag einzugehen, die ihn nur von eigenen konstruktivistischen Gedanken wieder ablenken würden: „Wenn ich der / unser Ratsuchender wäre, würde ich Folgendes tun: …!"

Besser noch, man schlägt bescheiden nur den ersten Schritt vor, weil die Folgen eines ersten Schrittes, noch immer vom Ratsuchenden selbst am besten eingeschätzt werden können: „Anstelle unseres Ratsuchenden würde ich als ersten Schritt Folgendes tun: …!"

Natürlich ist eine Situation denkbar, in der der Berater tatsächlich in der Lage ist, eine Folge eines Vorschlages besser einzuschätzen als der Ratgeber, wenn der Berater etwas vorschlägt, was vollkommen außerhalb der Erfahrungswelt des Ratsuchenden angesiedelt ist. Gerade solche Vorschläge sollten bekanntlich aus bestimmten Gründen in solch einer Runde gar nicht erst gedacht werden.

Obwohl bereits mehrfach in diesem Büchlein betont und erklärt, sei hier noch einmal darauf hingewiesen: die Wahrscheinlichkeit, dass der Ratsuchende tatsächlich einen Schritt unternimmt, der ihn auch wirklich einen Schritt weiterbringt und das auch noch tatsächlich Richtung seines eigenen Zieles, ist dann am größten, wenn er Gelegenheit hat, einen Vorschlag, den er in der Umsetzung beherrscht, weil ihm daraus wesentliche Elemente vertraut sind. Steve De Shazer, der berühmt amerikanische Familientherapeut, soll einmal gesagt haben: „only small changes are needed!" Mit anderen Worten: Der Rest ergibt sich „von alleine". Er hat in verschiedenen Zusammenhängen die Metapher des stillen Wassers angeführt, in die man einen Stein wirft. Von der Aufschlagstelle des Steines breiten sich ringförmige Wellen bis zum Teichufer hin aus. Darauf können wir vertrauen. So wie wir hier darauf vertrauen, dass sich nach erfolgreich vom Kunden umgesetzten ersten Schritten weitere zu seinen Gunsten entwickeln werden.

Auch deshalb ist es wichtiger, einen ersten sinnvollen Schritt zu tun, als an der ganzen Dramaturgie zu verzweifeln und alles so zu belassen, wie es ist und wie es stört.

„Wer immer das tut, was er immer tat, wird immer das erleben, was er immer erlebt hat!" stand einmal in meiner Stammkneipe auf den Tisch gekritzelt. Und wir wollen doch unseren Kunden zu neuen / besseren Erlebnissen und Erfolgen verhelfen. Also suchen wir folgerichtig nach der kleinstnötigen Veränderung mit der größtmöglichen Wirkung.

4.8 Sharing

Wenn Menschen sich intensiv mit der Problemwelt eines anderen Menschen beschäftigt haben, dann haben Sie „den Kopf voll", „kaum noch Platz für eigene Ideen" oder „möchten wieder im Kopf aufräumen", um Platz für das eigene alltägliche Leben oder den nächsten Beratungsfall zu bekommen. So drücken es die meisten Berater aus.

Was etwas „technisch" klingt und sachlich fachlich natürlich nicht richtig ist, stimmt in der Auswirkung dennoch. Ein Berater möchte nach eineinhalb Stunden nicht mit dem Thema seines Kunden nach Hause gehen. Er hat schließlich sein eigenes Leben zu führen und das ist manchmal anstrengend genug. Ein Beratungssystem „ist eine zeitlich begrenzte strukturelle Kopplung zweier oder mehrerer an sich autopoietischer Systeme", würden Maturana und Varela vermutlich formulieren (siehe Literaturverzeichnis). Es ist die zeitlich begrenzte Beziehung zweier unabhängiger autonomer Systeme. Und das Wichtigere daran dürfte sein, dass der Ratsuchende mit einem erweiterten Horizont, mit neuen Ideen für seine Problembewältigung, nach Hause geht.

Dass der Berater dann und wann ebenfalls mit neuen Ideen oder Entwürfen nach Hause kommt, weil es ihm gelungen ist, Inhalte der Sitzung auf ein eigenes Thema zu beziehen, ist ein gewollter Nebeneffekt. Nur eben ein Nebeneffekt. Berater berichten immer wieder, dass die Runde für sie persönlich ausgesprochen fruchtbar war. Sie nehmen fast immer auch selber etwas mit nach Hause. Was auf keinen Fall passieren sollte, ist, dass sie vom Thema, vom Problem des Ratsuchenden *belastet* nach Hause kommen und für die eigenen Themen keine Energie mehr übrig haben.

Außerdem ist es manchmal so, dass der Ratsuchende die Vorschläge für Lösungsstrategien zwar hört, und inhaltlich sachlich auch versteht, ihm trotzdem noch irgendetwas fehlt, um diesen einen Gedanken für sich umsetzbar oder vollkommen nachvollziehbar zu machen. Vielleicht ist es sogar ein Gedanke, der ihn fasziniert, der ihn noch nicht restlos überzeugt hat. So oder ähnlich formulieren es Ratsuchende gerne, wenn sie ausdrücken wollen, dass sie für den einen der anderen Vorschlag noch eine weitere Erläuterung brauchen könnten, um eine völlig sichere Entscheidungsgrundlage zu haben, um mit ihrem jeweiligen Thema den entscheidenden Schritt weiterzukommen.

Deswegen hat sich seit Jahren bewährt, eine Sharing-Runde einzuführen. In dieser Runde erzählt jeder, der das von den Beratern möchte, ob er eine ähnliche oder welche Geschichte er in der Vergangenheit erlebt und wie er sie bewältigt hat, oder wie sie sich schließlich entwickelt hat. Dadurch bekommt der Berater „den Kopf frei", und der Ratsuchende versteht vielleicht jetzt erst, was ein bestimmter Berater gemeint hat. Warum er gerade diesen Vorschlag gemacht hat.

Manche Ratsuchende – das zeigt die Erfahrung – suchen das Weite vor einer Sharing-Runde und denken vielleicht: „Lasst mich bloß in Ruhe, mein Kopf ist eh schon voll!" Andere bleiben und haben offensichtlich noch einen Nutzen von der kurzen Runde. Meist dauert die Sharing – Runde nicht länger als 5-7 Minuten.

4.9 Nach der Beratung ist vor der Beratung?

Was für den Fußball und sicherlich auch die meisten anderen Wettkampfsportarten gilt, vielleicht auch für Musiker nach einem Konzert oder Politiker nach der Wahl … für diese Art und Weise Beratung zu betreiben gilt es nicht! Ein Reflecting Team ist eine Beratungseinheit für ein klar umrissenes Problem des Ratsuchenden. Das Team steht nicht „Gewehr bei Fuß" für die kommende Bewältigung der laufend anfallenden neuen Probleme des Ratsuchenden. Das kann ein kollegiales Team nicht leisten. Wenn das Bedürfnis nach einer kontinuierlichen Betreuung aufkommt, dann ist das legitim und wahrscheinlich auch notwendig, für das Team allerdings überfordernd. Dann gilt es, sich einen guten Therapeuten zu suchen.

Äußerlich wird das auch dadurch dokumentiert, dass ein Team immer nur für eine einzige Sitzung pro Ratsuchendem zusammentritt. Möglich und zielführend ist, dass sich ein „Sprecher" des Teams zur Verfügung hält, um als Ansprechpartner des Ratsuchenden in Zukunft zur Verfügung zu stehen. Um ihm weitere Unterstützung zu geben oder zu besorgen, wenn dies denn notwendig werden sollte. Das wird mit aller Wahrscheinlichkeit nie oder nur ganz selten der Fall sein.

Aller Erfahrung nach melden sich Ratsuchende nach einem Reflecting Team eher bei einem zufälligen Anlass oder gezielt beim Einladenden, dem Moderator oder Anbieter dieser Methode. Für viele Ratsuchende ist der gesamte Prozess so spannend, weil sie in Eigenregie quasi Experimente machen, auf deren Ausgang sie natürlich gespannt sind. Meine Kollegen und ich persönlich haben immer wieder erlebt, dass sich Ratsuchende auch nach Monaten, ja nach Jahren wieder melden, um zu berichten, wie sich ihre gesamte Geschichte weiterentwickelt hat. Nicht selten mit erheblichem Stolz über die eigene Entwicklung / Leistung / Veränderung. Das ist eine schöne Bestätigung für die Berater und gleichzeitig auch eine gute Erfolgskontrolle, was die Wirkung der eigenen Methode und / oder Arbeitsweise angeht. Sie mag nicht wissenschaftlich sein, sie ist dafür deutlich und eindeutig.

Wenn sich Ratsuchende wieder bei einem firmeninternen Reflecting Team melden, dann mit einem neuen Thema, was in der Regel mit dem bereits behandelten nichts zu tun hat. Natürlich kommt es dann bei wiederholten Gelegenheiten dazu, dass der eine oder andere Berater Muster zu erkennen glaubt, gemäß denen der Ratsuchende beispielsweise Entscheidungen trifft. Dann ist es selbstverständlich möglich über solche Muster - Zum Beispiel in der Hypothesengenerierungsphase – zu sprechen.

Das Wichtigste dabei bleibt immer, dass der gesamte Prozess, also auch dieser „Ausflug" in Muster und „Rituale" für den Ratsuchenden transparent und nachvollziehbar bleibt.

Kapitel V

5 Visualisierungen

Visualisierungen können manchmal sehr helfen, die teils komplizierten hierarchischen Verhältnisse, unter denen ein Ratsuchender beispielsweise leidet, zu verdeutlichen. Manchmal wird auch mithilfe einer Visualisierung erst tatsächlich deutlich, wo das Problem überhaupt liegt. Im Extremfall bietet die Visualisierung des Problems auch direkt die Lösung.

5.1 Visualisierungen des Ratsuchenden

Dies geschah im Falle der Beratung eines Projektleiters eines großen deutschen Industrieunternehmens folgendermaßen:
Der Ratsuchende hatte anhand der Leitfragen seinen Fall vorbereitet und seinen Bericht abgeschlossen. Er schaute in die Runde und – in ratlose Gesichter. Der Moderator dieser Sitzung schaute genauso ratlos wie die anderen Teilnehmer, fasste sich aber als Erster wieder und sagte: Lieber „Ratsuchender", ich glaube, eines ist klar geworden: Niemand von uns hat einigermaßen verstanden, worum es geht. Wo ist das Problem? Wie wäre es, wenn Du sämtliche Beteiligten und ihre verschiedenen Zuordnungen und so weiter mal auf ein Flipchart aufzeichnen würdest? Dann kannst du uns anhand des Plakates noch einmal erklären, was los ist, was die Story selbst ausmacht und so weiter. Gefragt, getan! Der Ratsuchende brauchte gute 10 Minuten, um alle Beteiligten und hierarchischen Über- und Unterordnungen, Zuständigkeiten, fachlichen Unklarheiten und so weiter auf das Papier zu bringen. Danach benötigte er noch einmal gute 5 Minuten, um zusammenfassend zu erläutern, wo er das Problem sah, von dem er meinte, dass er selbst dessen Lösung anstreben müsse.

Wenn wir nicht die selbst auferlegten Spielregeln in dieser Runde sehr streng eingehalten hätten, hätten einige Berater am liebsten sofort mit einer Schlussrunde, also den Lösungsvorschlägen begonnen. Es hatte sein Gutes, dass wir bei den Spielregeln geblieben waren: Es kamen noch viel mehr Aspekte zum Vorschein, noch mehr Menschen, noch mehr Stakeholder, noch mehr Interessenkonflikte und ungelöste organisatorische Fragen. Schließlich hatten wir fast 40 Beteiligte bei einem Projekt, an dem offiziell nur etwa 20 Menschen arbeiteten, das auf ein Jahr und etwa ein Volumen von 12 Millionen ausgelegt war.

Die Grundkonstruktion des „Problems" unseres Ratsuchenden war bereits durch seine erste Zeichnung, das sogenannte Organigramm, das er auf das Flipchart gezeichnet hatte, deutlich geworden: Es war kein „Organigramm", sondern höchstens und bestenfalls ein „Disorganigramm"!

Was war passiert? Durch unser Interview und danach durch die Hypothesengenerierungsphase identifizierten wir mehrere zugrunde liegende essenzielle Interessenkonflikte, die zwar durch die „Grundkonstruktion" des Projekts in der Natur der Sache lagen. Diese waren aber bis zur Unkenntlichkeit in der wirren Organisation, wie durch einen Tarnanzug geschützt, nicht mehr erkennbar gewesen.

5.2 Visualisierungen der Berater

Im Rahmen der Hypothesengenerierung entstand ein zweites Flipchart mit den Kennzeichnungen für die vermuteten wichtigsten ungeklärten Zuständigkeiten und ungeklärten Konflikte.

Nach dem Kommentar unseres Ratsuchenden wurde klar, was er selbst tatsächlich beeinflussen konnte und was nicht. Das Ergebnis der Schlussrunde war, dass er eine Woche nach unserer Sitzung mitsamt den Flipcharts, die wir in der Sitzung hergestellt hatten, zu seiner disziplinarischen Führungskraft gegangen ist. So entstand eine kleine und wirksame Bewegung im festgefahrenen Projekt, die tatsächlich bewirkt hat, dass das ganze Projekt auf organisatorisch neue Füße mit einer wesentlich deutlicheren Struktur gestellt wurde.

Mit Visualisierungen können Zusammenhänge deutlich gemacht werden, man kann mithilfe visualisierter Metaphern Dinge verdeutlichen, die man schwer in Worte fassen kann. Und Visualisierungen können gleichzeitig Teil der Dokumentation für den Ratsuchenden sein.

5.3 Dokumentation

Welche Art der Dokumentation für den ratsuchenden sinnvoll erscheint – im Sinne der Förderung der Umsetzung der Strategien zur Erreichung seiner Ziele – ist selbstverständlich sehr von seinem eigenen Denk- und Verhaltensstil abhängig. Deswegen sind hier mehrere Möglichkeiten sinnvoll. In der Hypothesengenerierungsphase ebenso wie während der Schlussrunde schreiben einige der Ratsuchenden gerne selber mit. Sie sind das gewohnt, tun es auch bei Vorträgen oder Seminaren und haben damit eine anzunehmenderweise vertraute Methode entwickelt, eigene Erkenntnisse für sich zu erhalten. Ob der Ratsuchende dabei in der Runde sitzt, oder hinter einer Pinnwand zum Beispiel, ist dabei sekundär.

Andere Ratsuchende möchten, dass für Sie mitgeschrieben wird. Das geschieht dann meistens, in dem ein Teilnehmer sich bereit erklärt, die Hypothese oder die Strategievorschläge auf Flipchart während der jeweiligen Phase festzuhalten. Der Ratsuchende kann sich ganz auf die Beiträge der anderen Teilnehmer konzentrieren und muss sich nicht mit den Notizen beschäftigen. Am Ende der jeweiligen Phase liest der „Schreiber" noch einmal alle Punkte vor, die Ideen, die der Ratsuchende hier nicht unmittelbar versteht, werden von den jeweiligen Autoren noch einmal erläutert und dann das Plakat als Dokumentation ausgehändigt. Einige Ratsuchende fotografieren das Plakat sofort und vernichten es noch vor Ort.

Eine darüber hinausgehende Dokumentation für Berater oder Moderator gibt es nicht. Einzige Ausnahmen: Es sind von vornherein (ausnahmsweise) mehrere Sitzungen geplant, und der Ratsuchende wünscht dies, dann wird der Ratsuchende dafür sorgen, dass die passenden Plakate bei der zweiten Sitzung wieder verwendet werden können. Ansonsten gibt es keinen Grund, irgendetwas zu dokumentieren.

5.4 Versuche der Unternehmensleitung via Dokumentation Einfluss zu nehmen

Es hat vereinzelt (vermutlich, weil dieser Punkt vorher nicht genügend geklärt worden war), Versuche des Managements gegeben, auf die Ergebnisse von Reflecting Team Runden Einfluss zu nehmen, indem zum Beispiel verlangt wurde, Ergebnis-Dokumentationen vorgelegt zu bekommen. Angesichts der Sensibilität mancher Themen und Teilnehmer lebt ein Reflecting Team in der Regel davon, dass tatsächlich 100 %ige Diskretion herrschen muss. Erst dann entfaltet es – abgesehen von natürlich auch sonst auftauchenden ethisch-moralischen Bedenken – seine ganze Wirksamkeit. Hier gibt es gar keine Diskussion! Erst wenn sich das Management tatsächlich darauf eingelassen hat, praktisch niemals zu erfahren, was in den circa eineinhalb Stunden eines Reflecting Teams geschieht, kann es wirklich gut funktionieren. Und erst dann sollte man auch mit der Arbeit beginnen.

Kapitel VI

6 zusätzliche Beratungs"techniken"

Der Wert zusätzlich entwickelter „Beratungstechniken" ist in der Einleitung bereits diskutiert worden. Hier soll lediglich auf einige charmant einfache und erprobte, wirkungsvolle zusätzliche „Methoden" eingegangen werden, die sich in mehreren Hundert Sitzungen in den letzten mindestens zehn Jahren tatsächlich bewährt haben.

6.1. „Münz"- oder „Taschensoziogramm"

Das Münzsoziogramm stellt sozusagen eine Spontan- und Improvisationsvariante des bekannten „Systemischen Familienbretts" von Karl Ludewig dar (Ludewig, K., U. Wilken (Hrsg.): Das "Familienbrett". Ein Verfahren für die Forschung und Praxis mit Familien und anderen sozialen Systemen. Göttingen (Hogrefe), 2000) beziehungsweise der „Coaching Disc®" welche zum Beispiel die Deutsche Psychologen Verlag GmbH seit einigen Jahren vertreibt. Es geht darum, sozusagen stellvertretend durch Holzklötze (Familienbrett) oder magnetisch haftende Scheibchen die „Verhältnisse" beispielsweise in einem Team oder einer Familie „aufzustellen". Während das Familienbrett ein vorgegebenes quadratischen Feld hat, dass mit einer Linie in „innen" und „außen" getrennt wurde, ist die Grundfläche bei der Coaching Disc® (wie der Name schon andeutet) eine runde Scheibe, auf der die „gestellten" kleinen runden unterschiedlich bunten Scheibchen magnetisch haften.

Auf jeden Fall geht es darum, dass der Ratsuchende Gelegenheit bekommt, sozusagen als Modellierer seiner Arbeitsgruppe oder anderen Gruppen, die für sein Problem relevant sind, die Problematik zu verdeutlichen oder in den Kontext der Gruppe zu stellen. „Wer steht sich mit wem besonders nahe?", „Wer hat zu diesem Thema eine besondere Nähe und warum?", „Wer hat welches besondere Interesse an ... oder

…?!" könnten Fragen sein, die den Ratsuchenden anregen, das Gesamtgeschehen in seiner Problematik aus verschiedenen Perspektiven zu betrachten, Personen „auszutauschen", zu „entfernen" oder welche „dazuzuholen" und so weiter.

Manchmal dient so eine „Aufstellung" (ein stellvertretendes Soziogramm, bitte nicht verwechseln mit zum Beispiel: Familienaufstellungen nach Bert Hellinger o.ä.) auch einfach nur zur Verdeutlichung der teilweise schwer zu durchschauenden Hierarchien, in die die Ratsuchenden eingebunden sind.

Wer kein Familienbrett oder die Coaching Disc® von Elisabeth Wrubel zur Verfügung hat, kann wunderbar sein Portemonnaie leeren oder andere Utensilien, die auf dem Schreibtisch oder in einer Hosentasche zu finden sind, einsetzen. Münzen sind hervorragend geeignet, weil sie nicht nur verschiedene Größen und Muster haben, sondern auch einen verschiedenen Wert. Dabei ist das derzeitige Euro-System mindestens so differenziert, wie die Figurenauswahl von Karl Ludewig es war. Es fehlt nur noch eine definierte Grundfläche (ein Flipchart mit eingezeichneten Grenzen oder irgendetwas anderes, das diesen Zweck erfüllt) und die Definition der Blickrichtung der „Personen" (da könnte die Ausrichtung der Münze helfen) und es kann losgehen!

Sollte man die Konstellation für den Ratsuchenden oder für eventuell später noch stattfindende Treffen o.ä. bewahren wollen, dann fotografiert man die Konstellation einfach mit Digitalkamera oder Handy und schon ist die Dokumentation fertig. Einfacher und schneller geht es wirklich nicht mehr!

Solch ein Münzsoziogramm kann eine unterstützende Funktion haben. Der Ratsuchende als „Schöpfer" dieser gestellten Situation kommt auf andere Gedanken als aus seiner Perspektive des Beteiligten. Er wird durch die eigene veränderte Perspektive offener für die Perspektiven anderer beteiligter Personen.

Hier sollte der Moderator allerdings aufpassen, dass die Fantasie einiger Berater nicht mit ihnen durchgeht! Mehr als man sehen kann, kann man eben nicht sehen.

Alles, was darüber hinausgeht, gehört in den (manchmal sehr hilfreichen) Bereich der bloßen Spekulation! Und sollte deshalb auch genauso behandelt werden. Hobby-Psychologen mit ihren Interpretationen sind hier ebenso wenig am Platz, wie sonst bei dieser Art Beratung zu betreiben.

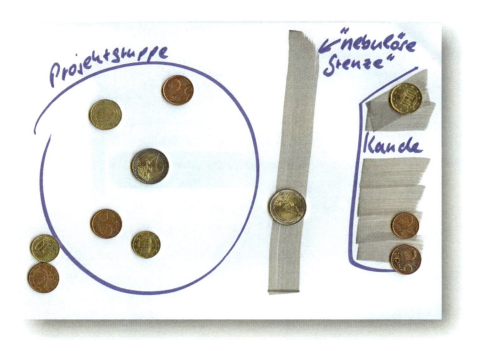

Abb.10: Beispiel eines Münzsoziogramms während einer Reflecting Team Arbeit mit einem Projektteam eines mittelständischen Maschinenbauers.

Abschließendes Beispiel: Ein DIN A4-Blatt Papier, der Inhalt der Hosentasche eines Teilnehmers, ein blauer Stift und ein grauer Marker reichten in diesem Falle aus (siehe Abb. 10), um ein komplettes Bild der Situation zu liefern. Zuerst wurden die Münzen auf dem Blatt platziert, dann wurde das Blatt vom Teilnehmer beschriftet. Es wurde schnell deutlich, welcher Art die Probleme mit einem Kunden waren und ebenso schnell, dass sich die Projektleiter auf beiden Seiten schnellstmöglich auseinandersetzen mussten, sollte das Projekt noch ein Erfolg werden. Der Projektleiter des Kunden (Zwei-Euro-Münze) war zu einer Art „Nebelwerfer" geworden, so dass das Entwicklungsteam (links) keinen Zugang zu den wesentlichen Informationen bekam, die es aber benötigte, um das zu entwickelnde Tool erfolgreich herstellen zu können. Der Projektleiter, der sein Unternehmen versuchte zu „schützen", war zur Gefahr für die aktuelle Unternehmung geworden.

Der betroffene Projektmitarbeiter schob denn auch den Projektleiter auf dieser „nebulösen Grenze" dauernd hin und her und die eigenen Kollegen, die eigentlich Kontakt mit den Kollegen beim Kunden haben sollten, wurden ab und zu einmal nach vorne zum Kunden geschoben, prallten aber an der Mauer ab und wanderten schließlich zurück in die Grenzen des eigenen Teams oder verließen das Team sogar (links unten). Diese Konstellation sah der betroffene Projektleiter (der Entwicklungsgruppe) sofort ein. In einem Dialog oder Multilog hätte er das nach eigenen Aussagen nicht annähernd so schnell so genau ausdrücken können.

Hier sei davor gewarnt, die entstehenden Soziogramme nicht erschöpfend zu hinterfragen. Denn sonst besteht die Gefahr, dass sich „interessante" Bilder von ersten Ideen zu „Wirklichkeiten" entwickeln, die keinerlei Entsprechung im tatsächlichen (von den Personen selbst entsprechend rekonstruierten) Geschehen der beteiligten Personen finden. Die daraus resultierenden Handlungen würden bestenfalls nichts bewirken oder schlimmstenfalls zur weiteren Verwirrung beitragen müssen.

6.2 Lebenslinie

Übung mit dieser Methode verdanke ich vor allem meinem geschätzten Kollegen Dr. Reiner Borretty aus München, mit dem ich seit vielen Jahren gemeinsam Führungskräftetrainings durchführe. Die Übung stammt offenbar aus dem Bereich des

„Psychodrama" und ist vermutlich eine Methode, die komplexe Fragen aufwerfen kann und deswegen genauso wenig leichtfertig angewandt werden sollte wie alle anderen Methoden. Andererseits eröffnet Sie dem Ratsuchenden bereits in einer ganz einfachen Version so erfolgreich neue Perspektiven, dass sie hier nicht unerwähnt bleiben soll. Sie ist nach meiner Erfahrung – und nur so habe ich sie bis heute auch eingesetzt – vor allem geeignet, wenn es sich bei dem Problem des Ratsuchenden um Fragen zur eigenen Karriere, zur eigenen Weiterentwicklung handelt.

Der Ratsuchende schreitet dabei gemeinsam mit dem Moderator eine gedachte, auf dem Seminarraum-Boden beispielsweise begrenzte Linie, ab. Dabei berichtet er, immer wieder, aufgefordert durch den Moderator, welche wichtigen Lebensstationen (also zum Beispiel beruflich entscheidend gewesene Situationen, Karriereschritte, Aus- und Weiterbildungen und so weiter) er bisher in welchen subjektiv abgemessenen Abständen bis heute erlebt hat. Welche Emotionen er damit heute verbindet und so weiter. Er geht also gewissermaßen gemeinsam mit dem Moderator seine Lebenslinie entlang, bis er bei „heute" ankommt. Dann kann ihn der Moderator auffordern, das „heute" noch einmal zu beschreiben und sich dann umzudrehen und auf sein bisheriges Leben zurückzublicken. Anschließend könnte er gefragt werden, welches denn seiner Meinung nach die nächsten Schritte sein müssten, um das „Gesamtkunstwerk" seines Lebens zu vervollständigen. Oder wie er den letzten (angezweifelten) Schritt jetzt empfindet, welche Schritte er heute anderes bewertet als früher und so weiter.

Bleibt es bei dieser einfachen Version, kann die „Lifeline" eine hilfreiche Unterstützung zur Hypothesengenerierungsphase oder während der dann unterbrochenen Interview-Phase im Reflecting Team Ablauf sein.

6.3 Interventionen / Hausaufgaben

Sogenannte Hausaufgaben, manchmal auch Interventionen im engeren Sinne genannt, können sinnvoll sein, wenn zum Beispiel ein Vorschlag in der Schlussphase ist, dass der Ratsuchende zu speziellen Themen weitere Recherchen anstellen soll. Also zum Beispiel empirischer Forscher in eigener Sache werden könnte.

Eine unserer Kundinnen hat beispielsweise einmal für sich selbst die Hausaufgabe erfunden, ein Tagebuch zu schreiben. Sie wollte einmal pro Tag 10 Minuten darauf verwenden, immer „zwischen" Arbeit und „Freizeit", sich schriftlich die Frage zu beantworten, wie sie den Tag erlebt hatte: Hatte Sie das Gefühl gehabt genug gestalten zu können oder fühlte sie sich wieder herumgeschubst und quasi gestaltet?

So einen Vorschlag mit einer entsprechend formulierten Aufgabe könnte man zum Beispiel gut als Strategievorschlag in der Schlussrunde machen.

Nach meiner Erfahrung sind hier vor allem Selbstreflexionsaufgaben sinnvoll. Bei anderen Handlungsentwürfen kommt man zu sehr in die Nähe von Ratschlägen, an die sich der Ratsuchende womöglich zwar zunächst hält, wobei die eigene Entwicklung von Strategien durch den Ratsuchenden eindeutig zu kurz kommen würde.

6.4 Humor in der Beratung

Humor ist an sich natürlich keine Technik, also Vorsicht vor dem mutwilligen Einsatz desselben!

Ein weithin ausgeklammertes Kapitel in der Beratungsdiskussion ist er dennoch. Und das zu Unrecht, wie ich meine. Obwohl durchaus Entwicklungen zu beobachten sind, gilt es gemeinhin nicht als opportun, bei der Arbeit an einem belastenden Problem zu lachen. Lachen wird fast immer interpretiert als ein „Nicht ernst nehmen" des Kunden/Klienten. Die Erfahrung zeigt, dass man Wertschätzung eines Menschen schwerlich durch ein Humorverbot erlassen kann, ganz im Gegenteil: Es ist wohl eher so, dass Berater, die sich zwingen, ernst zu wirken, um damit Wertschätzung zu demonstrieren, auch, wenn ihnen eher zum Lachen ist (viele Probleme, seien sie auch noch so belastend, haben einfach humoreske Komponenten, übrigens auch für den Kunden!), unglaubwürdig, gekünstelt und so weiter wirken. Wenn von Glaubwürdigkeit und Authentizität des Beraters der Erfolg teilweise abhängt (und da scheint sich die Fachwelt einig), dann muss auch Humor erlaubt sein. Wer allerdings darauf verfällt, seinen Kunden auszulachen, hat seinen Job ohnehin verfehlt.

Ratsuchende bestätigen vielfach die helfende Wirkung des Humors: Humor schafft offenbar eine „gesunde Distanz" zum eigenen Problem. Und mit etwas Distanz und Humor kann man Probleme manchmal besser in den Griff kriegen. Wertschätzung kann man eben auch anders ausdrücken, nicht nur durch eine todernste Miene!

6.5 Mutwillige Mehrdeutigkeit von Ratschlägen

Manchmal erscheint es angemessen, mehrdeutige Ratschläge zu machen, wenn man zum Beispiel als Berater der Überzeugung ist, der Ratsuchende würde sich zu sehr an einen eindeutigen Rat klammern, von dem man selber nicht unbedingt hundertprozentig überzeugt ist.

Oder man befürchtet, dass die zu einseitige Befolgung eines Rates dem Ratsuchenden nicht so von Nutzen sein wird, als wenn er weiter darüber nachdenkt, und für sich persönlich noch einmal verschiedene Lösungswege abwägt, um dann - erweitert um eigene Lösungs- beziehungsweise Strategieelemente - eine tatsächlich tragbare Lösung für sich zu konstruieren.

Diese Phänomene sind zwar in einer Gruppen-Beratungssituation wie im Reflecting Team nicht besonders häufig problematisch, aber man sollte sie im Blick haben, weil sich ein gut eingespieltes Team unter Umständen über die Zeit beginnt, wie eine einzige Person zu verhalten.

6.6 Mutwillige Uneinigkeit im Team

Manchmal kommt es nämlich vor, dass sich ein Team bei der „Beurteilung" von Sachverhalten, also zum Beispiel einem vom Ratsuchenden als problematisch geschilderten System, sehr einig ist. Da unserer Überzeugung nach vor allem das Angebot von diversen verschiedenen Ansichten dem Ratsuchenden von Nutzen ist, kann ein Team durchaus „mutwillig" verschiedene, mögliche Deutungen, Interpretationen einer Schilderung „verhandeln", um dem Ratsuchenden doch noch ein differenziertes Angebot an alternativen Sichtweisen zu machen. Dabei kommt es nicht so sehr darauf an, dass jeder Berater tatsächlich seine eigene Meinung vertritt. Er kann auch eine ganz andere Strategie vorschlagen, als er wollte, um die Vielfältigkeit der Strategievorschläge insgesamt zu erhalten. Denn – wie mehrfach betont - es kommt hier einzig und alleine darauf an, möglichst viele und passende Möglichkeiten für den Ratsuchenden zu schaffen als eine gesamte gleichsam geniale Lösung der Gruppe anzustreben. Oder einen Wettbewerb für den besten Ratschlag auszuloben.

Kapitel VII

7 Theoretische Perspektiven

Sie soll Ihnen nicht ganz erspart bleiben, die „theoretische" Perspektive... Nur insofern, als dass Sie mit ein bisschen theoretisch fundiertem Hintergrund die praktische Umsetzung besser verstehen können.

Dieses Kapitel ist für Laien (auf dem Gebiet der Psycho- beziehungsweise systemisch-konstruktivistischen Literatur) geschrieben, deswegen werden Fachleute vermutlich von der (teilweise schamlosen) Oberflächlichkeit tief enttäuscht sein. Den, der sich vom letzten Satz angesprochen fühlt, möchte ich gerne vertrösten und auf die weiterführende Literatur verweisen. Genau wie den „Laien", der nach der Lektüre dieses Buches immer noch Lust hat, sich mit dem Thema eingehender auseinanderzusetzen.

Das Literaturverzeichnis hilft als Orientierung und ist schon reichlich bemessen, denn überall tauchen ja neuerlich Literaturverzeichnisse auf, die einem weiterhelfen. Im Folgenden möchte ich nur so viel darstellen, wie ich für unbedingt nötig halte, um dem ganzen Geschehen im „Reflecting Team", beim gegenseitigen Beraten im Team also, einen gedanklichen Rahmen zu geben, von dem ich überzeugt bin, dass er erstens nötig ist und zweitens aus Erfahrung weiß, dass er vielen Menschen, mit denen ich das Thema diskutieren konnte, bisher zum Verständnis sehr nützlich war.

„Theorie"

Dass das Wort „Theorie" hier in Anführungszeichen steht, hat auch schon etwas mit unserer Art und Weise Beratung zu treiben zu tun: Was heißt schon „Theorie"? Muss Theorie grau sein? Oder Praxis immer „bunt"? Wenn Sie keine gültige Theorie für das bereits bekannte „Nagel-in-die-Wand-schlagen" haben, dann werden Sie

Ihren Nachbarn bitten müssen, das für Sie zu tun oder das Bild kommt eben nicht an die Wand! Oder komplizierter:
Sie müssen in der Tat mindestens Folgendes empirisch erforscht und aktuell für gültig halten:

- Was ist ein Hammer? (Streng genommen: Welches ist das angemessene Werkzeug für diese Aufgabe?)
- Wo finde ich ihn?
- Wie muss ich ihn halten?
- Wie verhält sich welcher Nagel, aus welchem Material bei einem bestimmten Aufschlag gegenüber einer Steinwand? (Oder aus welchem Material ist Ihre Wand?)

Alles dies und noch viel mehr ist die Theorie dazu, wie Sie Ihren bereits weiter oben erwähnten Nagel mit Ihrem Hammer in Ihre Wand bekommen. Und wie gesagt: Wenn die nicht stimmt (ob Sie das nun bewusst überlegen oder teilweise unbewusst „abarbeiten" oder gar einfach ausprobieren [= empirisch erforschen]), dann endet das Ganze beim Arzt oder mit einem großen Loch in der Wand. Ob man also eine Theorie für grau und überflüssig hält und die Praxis vorzieht, hängt unter anderem mit der Auffassung von dem Begriff „Theorie" zusammen, mit der Erfahrung in der Praxis (die eventuell zu einer unbewussten Theorie bereits verdichtet ist). Außerdem ist der Grau-Grad einer Theorie stark davon abhängig, welcher Mensch sich unter welchen Umständen gerade mit „Theorie" beschäftigt: Ein Technik-Freak beispielsweise, der gerade seine neue, hoch komplizierte Videoanlage auspackt, wird sich vernünftigerweise zunächst „theoretisch" mit ihr beschäftigen, bevor er beim theorielosen Praxisversuch wichtige Teile zerstört. Wer allerdings jahrelanger theoretischer Beschäftigung mit der Frage, wie es denn wäre, wenn er eine Partnerin hätte, nachhängt, wird nie genügend Praxis erwerben können, um überhaupt zu prüfen, ob seine Überlegungen richtig waren und somit nie zu einer gültigen Theorie kommen. In diesem Sinne bedingen sich Theorie und Praxis gegenseitig. Oder anders ausgedrückt: Sie sind nur zwei Seiten ein und derselben Medaille!

Ich hoffe, ich habe Sie nicht allzu sehr verwirrt. Andererseits hoffe ich gerade, dass ich Sie doch ein bisschen verwirrt habe, denn die Kunst der gezielten Verwirrung gehört zur erfolgreichen Beratung einfach dazu. Dazu weiter unten mehr. Zurück zum Thema: der Herleitung der „gegenseitigen Beratung im Team". Zwei wesentliche Begriffe, nämlich 1. *„systemisch"* und 2. *„konstruktivistisch"* seien hier kurz erläutert:

7.1 Die systemische Perspektive

Kein Mensch lebt völlig isoliert für sich allein. Selbst ein Einsiedler, der sich seit 35 Jahren ausschließlich seinen Gedanken, der Meditation und seinem Gott hingeben würde, täte dies nicht in völliger Isolation von der Welt. Denn gerade die Isolation ist ja seine spezielle Beziehung zur Welt, die er kennt, aus der er (nämlich aus vielen verschiedenen Interaktionen mit ganz verschiedenen Menschen und „Umständen") stammt und von der er sich, aus welchem Grunde auch immer, absetzt, zurückzieht, der er etwas beweisen möchte. Auf jeden Fall lebt er in seiner Isolation abgewandt von allen anderen Menschen und trotzdem in einer sehr intensiven (Ablehnungs)beziehung zu ihnen.

Normalerweise ist der Mensch Teil verschiedener „Systeme" (man könnte auch andere Begriffe nehmen), wie zum Beispiel Teil seiner Familie, seiner Generation, seines Staates, seiner Firma, seiner Arbeitsgruppe, seines Fußballvereins, der Fernseher, der Discogänger, der Techno-Freaks, der Raucher oder der Nichtraucher, und so weiter. Ähnliche Bedeutung haben „Rollen": Wir alle bekleiden verschiedene

Rollen, viele davon gleichzeitig, und so können wir z. B. in Rollenkonflikte geraten: ein Mann in seiner Rolle als fürsorglicher Familienvater, der seine Tochter beschützen möchte und ihr deswegen das Rauchen und Trinken verbietet, während er selbst raucht, wenn er mit seinen Motorrad-Kollegen aufs Land fährt und unter anderem wegen dieser Rolle oder besser: „im Rahmen dieser Rolle" immer ein Weißbier trinkt, bevor es wieder nach Hause geht.

Wenn wir nun wissen, dass der Vater erhebliche Schwierigkeiten hat, bei der Erziehung seiner Tochter konsequent zu sein oder auch nur ein konsequent gutes Vorbild abzugeben, dann entsteht bei uns ein Bild dazu. Wenn wir zusätzlich wissen, dass das System „Motorrad-Clique" für ihn deswegen eine immense Bedeutung hat, weil er dort in extrem belastender Zeit (seine gesamte Herkunftsfamilie kam bei einem einzigen Autounfall ums Leben und die Clique hatte ihn damals aufgefangen) entscheidende Unterstützung fand, dann sehen wir das „Problem" mit der Erziehung plötzlich ganz anders!

Aber halt! Noch einen Schritt zurück. Noch einfacher: Jemand, der in der vollbesetzten Fußgängerzone von München länger als eine halbe Stunde wie Axl Rose von „Guns N' Roses" seinerzeit herumschreien würde, würde über kurz oder lang verhaftet oder irgendwie anders aus der Fußgängerzone „entfernt" werden. Bei einem Konzert (das viele Menschen bestimmt nicht so bezeichnen würden!) erwartet man von ihm aber, dass er das mindestens zwei Stunden lang durchhält. Es kommt also immer auf den Zusammenhang an!

Wenn das schon zu banal für Sie war, dann sind wir schon fast beieinander! Wir müssen uns noch mit der Bedeutung von Dingen/Geschehnissen beschäftigen, und damit kommen wir auch schon in die Nähe der konstruktivistischen Perspektive.

7.2 Die konstruktivistische Perspektive

„Wat dem ein'n sin Uhl, is dem annern sin Nachtigall!", sagt der Bremer gerne und meint damit frei übersetzt: „Was für den einen seine Eule, ist für den anderen seine Nachtigall!" (wie oben bereits erwähnt anlässlich der durchaus verschiedenen Auffassung dessen, was nun noch als Musik zu bezeichnen ist und was nicht mehr, um nur ein Beispiel zu nennen). Oder noch freier: „Was für den einen ruhestörender Lärm ist, ist für den anderen ein einziger entspannender Wohlklang in den Ohren!"
Und das Faszinierendste ist dabei: Dies ist nicht davon abhängig, wie die Geräusche tatsächlich beschaffen sind, sondern lediglich davon, auf welches Ohr sie treffen und mit welchem Gehirn sie interpretiert werden.
Noch einmal: „Liebling, sie spielen unser Lied ...!", sagte sie und der Kellner drehte sich angewidert zur Seite ... Alles klar?
Die systemische (das System betrachtende) und die konstruktivistische (die spezielle Konstruktion von Wirklichkeit und deren Bedeutung betrachtende) Perspektive gehören nun insofern zusammen, als mit dem Wechsel der systemischen Perspektive meist auch eine mehr oder weniger deutliche Veränderung der konstruktivistischen Perspektive einhergeht, wie wir vorhin schon fast gesehen haben:
Im System (Kontext) Straßenbahn zum Beispiel gilt es als völlig unangemessen, plötzlich und unerwartet laut „Tor, Tor! Zwei zu eins!" zu schreien und dabei seine Arme in die Luft zu werfen. Von den Beobachtern der Szene wird der Fußballfan dem System der normalerweise still sitzenden Fahrgäste in einer Straßenbahn zugerechnet, und für solch einen macht das Verhalten keinen Sinn. Außerdem ist es für die anderen unter Umständen störend. Zu Zeiten einer Fußballweltmeisterschaft tauchen diese Probleme nicht so drastisch auf, wie ich kürzlich auf einer Fahrt mit der völlig überfüllten Linie zum Weserstadion in Bremen erlebte, wo ich allerdings nicht wegen des Fußballs, sondern wegen eines Konzertes hinfuhr. Dasselbe Ver-

halten eines Fahrgastes, der ein Radio mit Kopfhörer bei sich hatte, führte aber zu keinen Unmutsäußerungen bei den anderen Fahrgästen, sondern ebenfalls zum Jubel. Angesichts des laufenden Endspiels hatte den Mann niemand dem System der Straßenbahnfahrgäste, sondern viel eher dem System der straßenbahnfahrenden Fußballfans zugerechnet. In diesem System (in dieser Rolle) machte das Verhalten Sinn und wurde weniger als störend empfunden (rekonstruiert). Wichtig: Ob das Verhalten als störend empfunden wird oder nicht, ist nicht (allein) vom Verhalten abhängig! Sondern vor allem vom Beobachter desselben und dessen Status!

Mit Bedeutungen von Geschehnissen zu „spielen", ist eine wichtige Dienstleistung bei Beratungsprozessen überhaupt und kann auch bei gegenseitiger Beratung im Team sehr nützlich sein, wie auch in diesem Buch ausführlich beschrieben ist. Denn wenn gilt: „Was für den einen eine Belastung darstellt, das ist für den anderen die schiere Entspannung!" Dann gilt auch "Was für den einen eine Belastung ist, könnte auch für ihn selber die schiere Freude sein!" Oder wenigstens „... nicht mehr belastend!" Es kommt nur darauf an, ob er in der Lage ist (oder durch einen Beratungsprozess in die Lage versetzt werden kann, dieselben Dinge, die er erlebt hat und die ihn offensichtlich belasten, so zu betrachten, nämlich aus einer anderen, ihm aber trotzdem eigenen Perspektive, sodass er nur eine „positive", für ihn nicht belastende, unter Umständen sogar entlastende, nützliche Perspektive einnehmen kann. Wenn er dann den Nutzenaspekt sieht und für sich selber einsetzen kann, hat sich sein "Problem" in eine „Lösung" verwandelt.

7.3 Irritation als Rettung

Perturbationen autopoietischer Systeme. Dieser Ausdruck dürfte bei einigen schul- und unigeschädigten Mitmenschen (die in Vorlesungen sitzen mussten, in denen die Professoren den Lehrbetrieb mit einer Selbstdarstellungsshow auf einem Kongress für Nobelpreisträger verwechselten) bedrohliche Assoziationen hervorrufen. Wer sich dennoch näher für Phänomene interessiert, die sich unter systemisch-konstruktivistischen Gesichtspunkten ganz wesentlich anders rekonstruieren lassen als zum Beispiel unter „hergebrachten" handlungstheoretischen Gesichtspunkten, und zwar nicht unter der Voraussetzung, „handlungstheoretisch" sei „falsch" und „systemisch-konstruktivistisch" sei „richtig", sondern besser unter dem Gesichtspunkt, das eine sei eine andere Sichtweise des anderen, der sei auf die spannenden Lektüren des „Baumes der Erkenntnis" (Maturana/Varela) und auf den Titel „Irritationen als Plan" (Untertitel: Konstruktivistische Einredungen) von Bardmann, Kersting, Vogel und Wortmann hingewiesen. In dem Moment, in dem klar wird, dass Irritation nur eine andere Seite der Medaille „Stabilität" ist, erkennt man schlagartig die großartigen Möglichkeiten, die erscheinen, wenn man mit dem scheinbar völlig trockenen Thema der Erkenntnistheorie eine fröhlich-distanzierte Beziehung eingeht.

Das „Reflecting Team" oder die gegenseitige Beratung von Kollegen ist in diesem Sinne als nichts anderes anzusehen, als der durch *mehrere Menschen* im Gegensatz zu *einem* wesentlich erleichterte Versuch, ein autopoietisches (also ein sich mit sich selbst und in der Auseinandersetzung mit seiner Umwelt im Fließgleichgewicht befindliches) (Problem-)System, das es sich in einem wenigstens teilweise belastenden oder für Teile des Systems oder Teile der Umwelt dysfunktionalen oder langfristig bedrohlichen Fließgleichgewicht regelrecht gemütlich eingerichtet hat, systematisch zu seinem eigenen Nutzen zu „verstören" (zu perturbieren, zu irritieren). Sodass es schließlich alternative Möglichkeiten verfolgen kann, mit der eigenen Situation effektiver und zum eigenen Nutzen umzugehen. Sozusagen ein befriedigenderes Fließgleichgewicht auf einem anderen Niveau einzugehen.

In diesem Zusammenhang drängt sich ein dritter Begriff auf, nämlich das auch in diesem Text erläuterte „Reframing". Eine der zentralen Dienstleistungen des Reflecting Teams. Erkenntnis ist beobachterabhängig, deswegen hat man als erkennender Beobachter die Möglichkeit, mit der Erkenntnis, also mit der (eigenen) Wirklichkeit, mit der vermeintlichen Wahrheit zu spielen, sie zu verändern, im eigenen Kopf. Das ist das tatsächlich faszinierende an einer Beratung.

Kapitel VIII

8 Zu guter Letzt: „Misserfolge"

Misserfolge sind eine schlimme Sache, zumindest, wenn man glaubt sie aufgrund eigener Unfähigkeit (re)konstruieren zu müssen. Die Frage ist in der Tat: „wie gehe ich mit ihnen um?"

Die wohl ernüchterndste Situation scheint zu sein, dass der Ratsuchende nach einer kompletten Runde bekannt gibt: „Wusste ich alles schon!" - „Ich hab's ja gesagt, da gibt es keine Lösung!" - „Hat doch alles keinen Sinn!" Dies würde auch ich als Misserfolg gelten lassen. Es kommt sehr selten vor. Grundlage für diesen Misserfolg kann folgendes Phänomen sein:

Während der Beratung das Gefühl zu haben, nicht weiterzukommen, hat etwas mit der Wirklichkeitskonstruktion zu tun, in der sich alle Anwesenden bewegen. Gewisse Grundüberzeugungen werden von allen - ohne hinterfragt zu werden, weil sie vielleicht den eigenen zu ähnlich sind - übernommen und bilden den „Referenzrahmen", wie König/Volmer es nennen für die Möglichkeiten, die natürlich durch den Rahmen eingeschränkt werden. Das besagt nichts anderes, als dass ich durch meine Grundüberzeugungen, meine Wertvorstellungen und meine Vorurteile in meiner Wahrnehmung (zwangsläufig) eingeschränkt werde. Beispiel: Wenn ich der Grundüberzeugung bin, dass jedes Problem genau eine Lösung haben muss, die aus diesem Problem herausführt, dann werde ich solange suchen, bis ich diese eine Lösung „tatsächlich" gefunden habe. Wenn eine andere meiner Grundüberzeugungen darin besteht, dass alle Probleme im Betrieb zum Beispiel lediglich durch Kommunikationsstörungen unter den Mitgliedern dieses Betriebes verursacht werden, dann werde ich diese eine Lösung ausschließlich bei Kommunikationsstörungen suchen (müssen). Je mehr gefestigte Überzeugungen (Paradigmen) ich in diesem Zusammenhang besitze, umso mehr ist schließlich die Bandbreite der möglichen Lösungswege eingeschränkt, weil ich andere, über diesen Rahmen hinausgehende Möglichkeiten gar nicht mehr wahrnehmen oder konstruieren kann.

Wenn es sich nun um den Referenzrahmen handelt, in dem der Ratsuchende bereits in der Vergangenheit nach Lösungen gesucht hat, haben wir es mit Veränderungsversuchen sogenannter erster Ordnung zu tun. Das heißt, die ganze Beratungsrunde verlässt im Grunde nicht das Regelsystem, die Überzeugungen des Problemsystems des Ratsuchenden und kann deshalb auch gar keine neuen Lösungen finden. Im Sinne Watzlawicks wird stattdessen immer nur „mehr desselben" versucht. Besonders tragisch, weil es Energie kostet, als Lösungsversuch betrachtet wird und möglicherweise das Gegenteil bewirkt: nämlich eine Verstärkung des Problems oder zumindest die Frustration, weil keine Lösung gefunden wird. Um hier weiterzukommen, muss eine Veränderung „zweiter Ordnung" (im Sinne Paul Watzlawicks, also nicht nur „mehr desselben", also mehr Anstrengung, sondern etwas essenziell anderes) konstruiert und verwirklicht werden, die den Referenzrahmen des Problemsystems verlässt und in diesem Sinne tatsächlich „neue" Ideen ermöglicht.

Welcher Referenzrahmen „richtig" oder „falsch" ist, kann dabei allerdings nicht entschieden werden und würde den Grundannahmen des Konstruktivismus sowie aller Alltagserfahrung widersprechen.

Im Sinne einer „Umkonstruktion" eines Referenzrahmens eines Problems in einen Referenzrahmen, der ohne dieses Problem auskommt und für den Ratsuchenden in Zukunft erfolgversprechender ist, kann man davon sprechen, ob der Referenzrahmen für den Ratsuchenden „nützlich" oder „passend" und in diesem Sinne zielführender als der alte ist. Dies gilt es, mit dem Ratsuchenden *gemeinsam* herauszufinden.

Letzten Endes ist ein „Misserfolg" auch nur eine bestimmte Rekonstruktion einer Wirklichkeit, die sich in einem durch bestimmte Parameter festgelegten Referenzrahmen von „erfolgreicher Beratung" abspielt. In der Vergangenheit hat sich oft genug gezeigt, dass die Referenzrahmen für „Beratung" oder „Therapie" nicht gerade angemessen scheinen, um die Kunden/Patienten weiterzubringen.

Vielleicht ist auch beim Erkennen eines „Misserfolges" mehr Bescheidenheit in der Selbstbewertung angezeigt. Die Klassifizierung von Erfolg und Misserfolg, also das Bemühen der Kategorie „entweder/oder" sollte sowieso in die Mottenkiste überholter Grundüberzeugungen gehören, weil diese Kategorisierung als Referenzrahmen eine viel zu starke Einschränkung bedeutet. Wenn wir in dem Referenzsystem „sowohl als auch" denken würden, könnten wir uns darin eine Beratungswirklichkeit konstruieren, die nicht unmittelbar zu Sieg oder Niederlage im Kampf um Lösungen führen muss, sondern die solche und solche Aspekte als Beschreibungsmöglichkeiten einer Situation beinhaltet und somit Raum für Möglichkeiten im Sinne des Ratsuchenden lässt.

Misserfolg, erstes Beispiel: Die Runde hat keine neue Idee gebracht!

Es kommt vor, dass Ratsuchende, manchmal auch Mitglieder des Teams, so ein niederschmetterndes Resümee ziehen. Nur ist es wirklich niederschmetternd? Wenn wir eine solche resignative Zusammenfassung einer zum Beispiel eineinhalbstündigen Teamsitzung einmal systemisch-konstruktivistisch betrachten, kommen wir auf ganz andere Ideen. Hier einige Beispiele:

Wenn es eine Runde von vier bis sieben erwachsenen Menschen (womöglich noch Fachleute aus derselben Branche, die eine Menge „Problemlösekompetenz" vermuten lassen, auch wenn das Problem vielleicht auf einer ganz anderen, nämlich „zwischenmenschlichen" Ebene liegt) nicht fertigbringt, gänzlich neue Ideen zu produzieren, nämlich solche, die der Ratsuchende selber überhaupt noch nicht bedacht hat, kann das zumindest theoretisch auch bedeuten, dass tatsächlich alle erdenklichen Möglichkeiten ausgeschöpft sind. Nicht die Runde hätte unter dieser Sichtweise „versagt", sondern der Ratsuchende sich bereits erschöpfend mit diesem

Thema („Problem") auseinandergesetzt. Es kann also auch als dringender Hinweis verstanden werden, das Problem anders anzupacken, anders zu benennen. Denn wenn noch eine belastende Situation besteht, es dagegen offensichtlich keinerlei Möglichkeiten zu geben scheint, diese Situation in den Griff zu bekommen, dann ist offenbar das Problem „falsch" (nicht zielführend zumindest) formuliert. Dann könnte es zum Beispiel heißen, dass das Problem dahingehend „umgeschrieben" werden müsste, dass sich die Frage ergibt: „Wie gehe ich für mich angenehmer, gesünder et cetera mit unveränderlichen „Problemen" um, zum Beispiel mit der aktuell belastenden Situation?"

Ratsuchende berichten - auch wenn sich scheinbar nichts Neues ergeben hat – dass sie zwar „auf keinerlei revolutionäre neue Idee" gekommen seien, dass es ihnen trotzdem wesentlich besser ginge, nachdem die Runde beendet wurde. Begründungen: „Man hat es einmal erzählt (und dabei ganz neu strukturiert), sodass einem ohne neue Ideen trotzdem einiges klarer ist als vorher." Oder: „Es tut gut, mitzubekommen, dass anderen auch nichts anderes mehr dazu einfällt! Dann war ich doch wohl nicht so sehr auf dem falschen Dampfer, wie ich dachte. Nur ändern kann man wohl nichts daran. Also heißt das für mich jetzt: Sich damit abfinden!" Auf solche Antworten kann natürlich das Angebot der Gruppe folgen, das Problem „umzuschreiben", um noch einmal neu heranzugehen. Das würde bedeuten, man sucht solange nach einer anderen Beschreibung des Problems, bis man etwas gefunden hat, was sich wenigstens potentiell als änderbar erweist. Hierbei muss man sich aber laufend vergewissern, ob die Suche nach einer neuen Problemdefinition mit anschließender Strategieentwicklung überhaupt noch im Interesse des Ratsuchenden ist. Denn es könnte auch sein, dass für den Ratsuchenden sein Hauptzweck erfüllt ist.

Also: Nicht gleich verzweifeln, wenn man im „klassischen Ratgeber-Sinn" keinen „Beratungserfolg" verzeichnen konnte, vielleicht konnte es der Ratsuchende trotzdem, vielleicht mit einiger Verzögerung, vielleicht unbewusst. Vielleicht bedeutet die fehlende Idee letztlich für den Ratsuchenden den „i-Punkt", den er brauchte, um eine bestimmte, bereits bekannte Strategie zu verwirklichen. Einige Äußerungen von Ratsuchenden deuten in die Richtung, dass es bei ihnen so war. Jedenfalls geht es um den Rastsuchenden, und nicht um die Beratergruppe, sodass deren „Misserfolg" noch nichts über den Misserfolg der Sitzung für den Ratsuchenden aussagen kann.

„Misserfolg", ein weiteres Beispiel: Der Ratsuchende nimmt sich eine Lösung, die niemand erwähnt hat (und die vielen anderen genannten schönen Vorschläge werden einfach nicht angenommen!).
Manchmal kommt es dem Team so vor, als hätte es zwar „geniale" Ideen produziert, nur der Ratsuchende (der „Uneinsichtige") akzeptiert davon einfach keine, er macht einfach „was er will" und behauptet, eine Idee verwirklichen zu wollen, an die sich im Team niemand zu erinnern glaubt.
Was ist daran schlimm? Auf den zweiten Blick gar nichts, denn es kommt - wie immer - darauf an, dass der Ratsuchende eine Idee bekommt, mit der ER etwas anfangen kann, die ER in seiner Umwelt umsetzen muss, sodass ER motiviert sein muss. Es kommt nicht darauf an, dass er tut, was WIR von ihm wollen!
Dazu ein Beispiel:
Nehmen wir unser Fallbeispiel „Maria Theresa" (Seite 84). Noch einmal zusammengefasst: Unsere Beratungsrunde hatte einen Abteilungsleiter, der um eine Beratung nachgesucht hatte, zu einer Teamsitzung mit vier Beratern eingeladen. Er klagte über Motivationsprobleme seiner Mitarbeiter, und dass er schon so viel versucht hätte, alles ohne Erfolg.
Die akustische Abschirmung, die wir zwischen Interviewer, Ratsuchendem und uns als Team aufgebaut hatten, muss so gut nicht gewesen sein, denn nach ein paar

Minuten rief der Ratsuchende unerwartet in unsere Richtung: „Hey, Moment mal! Wer hat da was von „Maria Theresa" gesagt?"

Er sagte später, er würde mit den Worten „Maria Theresa" vor allem Attribute wie „dekorativ" und ein „bisschen einfältig", so etwas wie „schön und dumm" verbinden. Er interpretierte die Metapher auf sein Problem bezogen und zog seine Konsequenzen.

Wir blieben erstaunt und etwas irritiert zurück. War das jetzt ein Misserfolg für uns, weil er so schnell und unerwartet die Sitzung abgebrochen hatte? Und wie sollten wir das herausfinden?

Diesmal waren wir uns schnell einig: Es war ein Erfolg! Wir hatten ihm offenbar zu signifikanten Veränderungen verholfen, die er anstreben wollte, die sich allesamt vernünftig anhörten und in krassem Gegensatz zu dem standen, was er uns aus der Vergangenheit berichtet hatte, und was ihm so deutlich gegen den Strich gegangen war. Also konnten wir doch zufrieden sein oder doch nicht?

„Misserfolg", drittes Beispiel: Der Ratsuchende gibt keinen Schlusskommentar ab. Das ist für das Team häufig enttäuschend, denn die Mitglieder möchten ja wissen, ob ihr „Rat" nun fruchtet oder nicht. Sicherlich möchte auch jeder einzelne gerne wissen, ob sein spezieller Rat gut angekommen ist. Vielleicht sogar besser als der seiner Mitstreiter? Das ist die Krux bei solcher Art Beratung: Manchmal erfahren die Berater gar nicht, wie ihre Hypothesen zum Problem, IHRE ersten Schritte angekommen sind beziehungsweise umgesetzt wurden. Was kann dahinterstecken?

Es kann zum Beispiel bedeuten, dass der Ratsuchende aus welchem Grunde auch immer, im Moment nicht in der Lage ist, einen abschließenden Kommentar abzugeben. Das braucht uns nicht unbedingt zu beunruhigen, denn es bedeutet unter Umständen nur, dass er im Moment nicht die richtigen Worte findet, er im Inneren von dem einen oder anderen Vorschlag sehr bewegt ist, was er meist auch ausdrückt.

Sollte dies so sein, sollten wir ihm die Möglichkeit nicht kaputtmachen, dadurch, dass wir ihn unter Druck setzen, doch nun endlich etwas zu sagen.

Da wir nicht wissen, was in seinem Kopf vorgeht, müssen wir grundsätzlich damit rechnen, dass er sich mit der Konstruktion eines Lösungsweges beschäftigt. Im allerschlechtesten Fall hat ihm die Sitzung spontan keine wesentlich neuen Ergebnisse gebracht, und er sieht sich deshalb nicht in der Lage oder er befindet es einfach für überflüssig, zu sagen, was er nun unternehmen wird, um sein Problem in den Griff zu bekommen.

Wir als Berater können uns nun sagen, dass wir versagt haben, oder wir sagen uns, dass es wohl einen Versuch wert war, das Problem in den Griff zu bekommen. Eventuell trifft das auf den ersten Punkt „Die Runde hat keine neue Idee gebracht!" zu. Ein Misserfolg ist es jedenfalls nicht automatisch.

Erfahrungsgemäß sagen die Ratsuchenden meistens in Form eines Minimalkommentars, ob es ihnen überhaupt irgendwie geholfen hat, über ihr Problem zu sprechen oder nicht. Und das ist doch schon etwas!

Außerdem zeigt die Erfahrung, dass sich Ratsuchende oft noch Wochen nach der Sitzung an ein Teammitglied wenden, um zu berichten, ob die gemeinsam entwickelte Strategie gegriffen hat oder nicht. So kommt man als Teammitglied spät, aber meistens doch zur ersehnten Erfolgs- oder Misserfolgsmeldung. Eine Strategie, die man gemeinsam entwickelt hat, auf ihren Nutzen quasi in einem sozialen Experiment zu überprüfen, macht eben viel mehr Spaß und erzeugt weit mehr Spannung, als sozusagen als „Patient" einen Ratschlag mechanistisch zu befolgen und passiv auf die versprochene Wirkung zu warten!

„Misserfolg", viertes Beispiel: Das Problem löst sich auf (obwohl es jetzt alle gerne behalten würden ...).

Ein Phänomen, das nicht häufig, ab und zu dennoch vorkommt: Die Gruppe, inklusive Ratsuchender, hat plötzlich den Eindruck, dass das Problem sich auflöst, „dass man nicht so recht weiß, warum man überhaupt zusammensitzt". Manchmal sagt der Ratsuchende unvermittelt: „Leute! O.k., ich hab's geschnallt, ... ist um die Ecke...! Lasst uns aufhören! Ich weiß schon, ... ist o. k. ...!"

In einem solchen Fall ist es höchst unwahrscheinlich, dass der Ratsuchende, wenn die Stimmung sehr verbindlich ist und trotz auftauchender komischer Sequenzen sehr ernsthaft am Problem gearbeitet wurde, einfach nur die Nase voll von der Beratungsrunde hat. Offenbar liegt es in der Natur von „problematisch rekonstruierten Situationen/Geschehnissen" - wie wir es ja im „Theorieteil" schon gesehen haben - dass eine „Umkonstruktion" durch die Entwicklung alternativer Sichtweisen manchmal bereits ausreicht, um dem Aspekt des Leidens ein Ende zu machen. Will sagen: Wenn ein Ratsuchender während einer Sitzung für sich die „Einsicht" konstruiert, dass es sich überhaupt nicht mehr lohne, über sein „Problem" zu sprechen, es plötzlich als kleines, zwar notwendigerweise lästiges, dafür ertragbares Alltagsphänomen betrachtet, dann ist es auch wahrscheinlich, dass er sich in diesem Moment so weit von „seinem Problem" distanziert, dass er gar nicht mehr beziehungsweise sehr viel weniger darunter leidet.

Auch dies ist kein Misserfolg, sondern erbrachte Dienstleistung des Teams. Wie dumm und auch arrogant wäre es, würde das Team daran festhalten zu bestimmen, wann eine Beratung weiterzugehen hat und wann nicht. Das Team müsste Gedankenlesen können, wissen, wie es im Inneren des Kunden aussieht, und feststellen können, ob er „lügt". In DIESEM Beratungszusammenhang kann man dem Kunden glauben, wenn er sagt, es gehe ihm gut und kann die Sitzung getrost abbrechen. Im unwahrscheinlichen, dennoch denkbaren „schlimmsten Fall" bleibt das Problem bestehen. Um zu verhindern, dass die Runde als „letzte Instanz" betrachtet wird, die dann zwangsläufig, ohne es zu merken, die endgültige Unlösbarkeit attestiert, sollte grundsätzlich eine Atmosphäre des „Versuch und Irrtum" geschaffen werden, die alle anderen Möglichkeiten bis hin zum Angebot jederzeitiger Hilfe, die „Überweisung" an „therapeutische" Profis jederzeit offenhält.

Anhang

Im Anhang finden Sie, lieber Leser, den Dank an meine spezielle „Community", um es neudeutsch auszudrücken. Auch die Literaturhinweise und einige unterstützende „Tools", wie zum Beispiel einige Leitfragen, die dem Ratsuchenden bei der Vorbereitung einer Teamsitzung sehr hilfreich sein können. Und eine Sammlung teilweise eher ungewöhnlicher, dafür effektiver und zielführender Fragen, auch wenn Sie das in Ihrer Praxis natürlich selber ausprobieren müssen!

Dank an meine Community

Bei der Arbeit an diesem Buch fiel mir eine kleine Geschichte ein, die im Allgemeinen Pablo Picasso zugeschrieben wird: Der Maler soll an einem sonnigen Tag ziemlich erschöpft in einem Pariser Straßencafé gesessen haben. Da stürzte eine Touristin auf ihn zu und bat ihn ihr etwas auf eine Serviette zu malen. Ruhig auch gegen Bezahlung. Irritiert und in seiner Ruhe gestört, überlegte er, wie er die Dame so schnell wie möglich wieder loswerden konnte, um wieder seinen Gedanken nachhängen zu können. Deswegen kritzelte er hastig und widerwillig etwas auf die Serviette und sagte: „Das macht dann 600,00 Francs!" Daraufhin die Touristin entsetzt: „Aber daran haben Sie keine 20 Sekunden gearbeitet!" – „Nein, da haben Sie vollkommen recht!", soll er gesagt haben: „Das waren mehr als 50 Jahre!"

Weit davon entfernt, mich mit Picasso zu vergleichen, überkamen mich doch beim Schreiben ähnliche Gefühle. Vor dem ersten Buch zu diesem Thema lagen circa 14 Jahre Beschäftigung mit Beratungstechnik, zwischen dem ersten Buch und diesem Band, liegen circa 16 Jahre Beratungspraxis und weitere knapp 1.000 Reflecting Teams, die ich im Rahmen von Seminaren moderiert habe. Der Effekt war und ist nach wie vor der, dass ich eine Entwicklung beobachte, deren Entdeckung schon andere zu ihren persönlichen Glücksmomenten gezählt haben: Als Berater mit einer soliden Ausbildung und einer soliden Weiterbildung, unter Supervision und in Zusammenarbeit mit exzellenten Kollegen und mit zunehmender Lebenserfahrung wird man immer unabhängiger von sogenannten „Methoden". Man könnte auch sagen, man verinnerlicht sie derartig, dass man sie selbst gar nicht mehr erkennen kann. Das ist vielleicht einer der schönsten Aspekte des eigenen Alterns. Ein anderer Aspekt ist der, dass man immer mehr erkennt, was die eigentliche Essenz des eigenen erfolgreichen Handelns ist (neben natürlich weiterhin bestehenden Erlebnissen des eigenen eher eingeschränkten Erfolgs). Man wird immer effektiver. Und es bleibt vor allem eine Grundhaltung übrig, die sich dann von außen auch als „einfache" Methode beschreiben lässt. Hat man am Anfang als „Neuer" noch Bedenken, eine ganze Beratungssitzung „durchzuhalten" und sich immer rechtzeitig an die „richtigen" Methoden oder auch nur Fragen zu erinnern und sie auch angemessen einsetzen zu können, so geht diese Angst langsam aber sicher in das Gefühl großer Selbstsicherheit und der Gewissheit über, im Beratungsprozess das Angemessene im Sinne des und für den Kunden zu tun, ohne dass man darüber womöglich ängstlich wachen müsste. Das Bemerkenswerte scheint außerdem, dass diese Methode auch in den Händen von sogenannten „Laien" immer besser funktioniert. Einerseits kann man sie vielleicht einfacher erklären. Andererseits haben eben auch die Teilnehmer von Seminaren, die die Methode noch nie vorher angewandt hatten oder sie kannten, sehr schnell schon eine bewundernswerte Sicherheit in der Durchführung erlangt, die sie trotz aller bereitstehender Beratungsfallen sehr erfolgreich handeln lässt.

Trotzdem und gerade deswegen ist es gut, bei wachsender Routine gute und vor allem kritische Kollegen zu haben, die einem auf die Finger sehen und einen auch nach 25 Jahren noch mit kritischem Feedback, eigenen Ideen und Verbesserungsvorschlägen zur Seite stehen.

Ich kenne Coaches, von denen ich immer noch gerne und viel lerne. Ich möchte diesen Dank hier zum Ausdruck bringen. Auch um Sie, meine Leser dazu anzuregen, die Unterstützung, die auch Ihnen in Ihrem sozialen Netzwerk (dem echten im „richtigen" Leben) zukommt und die auch Sie ohne schlechtes Gewissen und mit hohem Gewinn nutzen können, dankbar anzunehmen.

Ganz besonders danke ich den Kollegen und Freunden, die ich über einen Zeitraum von jeweils mehreren Jahrzehnten kenne und mit denen ich immer wieder gerne zusammengearbeitet habe, die mich fachlich und emotional unterstützt haben und ohne die ich kein auch nur annähernd brauchbarer Berater geworden wäre.

Allen voran sei Prof. Dr. Uwe Grau genannt, der mir am Schluss meines Psychologie-Studiums plötzlich und unerwartet zu der Einsicht verholfen hat, dass Psychologie doch so etwas wie ein Beruf sein kein und womöglich zu meiner Leidenschaft werden könnte. Sein Name ist untrennbar mit der pragmatischen Entwicklung dieser Methode im Rahmen eines „Theorie-Praxis-Projektes" an der Universität Kiel verbunden, für das ich angeblich den Namen „Kieler Beratungsmodell" erfunden habe. Jürgen Hargens sei genannt, mit dem ich mich vor 2013 überhaupt nur an drei Tagen meines Lebens persönlich austauschen konnte, der aber einen bleibenden wichtigen Eindruck hinterließ, und dessen unbeschreibliches Talent, die kompliziertesten Dinge auf kürzeste und einfachste Art und Weise auszudrücken, ich bis heute schätze. Ich lese mit immer wieder neu aufkommendem Vergnügen seine Bücher zum Thema, die voller Weisheit sind und so wenig Text benötigen, um die Dinge auf den Punkt zu bringen. Unbedingt nennen möchte ich meinen langjährigen Auftraggeber, teilweise Kotrainer, Arbeitsgruppen- und Berufskollegen Erich Karnicnik für seine nie endende Ideenflut und seine brillanten Analysen. Allen meinen langjährigen Kotrainern beim Führungskräftetraining, allen voran aber Reiner Borretty für sein Tempo und seine exzellenten Ideen, Cordula Gibson für ihr ungeheures Improvisationstalent, geboren aus einer professionellen Mischung aus Achtsamkeit, Flexibilität, und Sicherheit und Zweifel etwas Angemessenes zur Entwicklung der Teilnehmer beizutragen und ihrer andauernden Bereitschaft alles ganz anders und immer noch ein bisschen besser zu machen, als es geplant war.

Hans-Jürgen Reuter für seine freundschaftlich ruhige Art und Unterstützung und das eigenartige Talent, mich als Kotrainer über viele Jahre ertragen zu können. Außerdem möchte ich meinen zahlreichen Coachingkunden für ihre Erfindungsgabe danken, für ihre sprichwörtliche Kundigkeit und für die Rätsel, die sie mir immer wieder aufgegeben haben. An dieser Stelle bedanke ich mich auch ausdrücklich bei den Mitgliedern der drei Seminargruppen und meiner Kotrainerin Cordula Gibson, dass sie mir erlaubt haben, zur Illustration der Gruppensitzungen in Form eines Fotos in diesem Buch zu erscheinen, teilweise sogar auf dem Cover: Andreas, Christian, Elke, Eva, Falk, Gudrun, Günter, Ingmar, Joachim, Jörn, Martin, Matthias, Michael, Uta, Winfried, Wolfgang, Stefan, allesamt erfolgreiche ManagerInnen, Selbständige und Spezialisten. Ich danke Euch für Euer Vertrauen, die gute Zusammenarbeit im Reflecting Team und dafür, dass ich wieder einmal viel von Euch lernen durfte.

Ich fühle mich den vielen tollen Menschen, die ich bei MinD (Mensa in Deutschland e.V.) kennenlernen durfte verbunden. Sie sind für mich zu einer ständigen Energiequelle geworden. Gretel Grimm möchte ich für Ihre Unterstützung danken, eine Klarheit weiterentwickelt zu haben, die jemandem mit meinem Beruf möglicherweise leichter abhandenkommen kann als anderen. Dorothea Assig für Ihre Freundschaft und ihre kritischen Anmerkungen als Mensch und als Profi-Beraterin.

Dorothee Echter für ihre klugen und vor allem auch für ihre kritischen Bemerkungen als Top Beraterin und ein seit mehr als 25 Jahren anhaltendes enges, fruchtbares, kollegiales Verhältnis in gegenseitiger Unterstützung und für eine ebenso lang dauernde schöne und besondere Freundschaft, die ihresgleichen sucht. Last but not least möchte ich meiner Freundin und Ehefrau Frau Gretel Sattler danken für ihre bedingungslose Liebe und immer wieder überraschende Kreativität. Und natürlich Swen Neumann, der als mein Lektor und Korrektor nicht nur diesen Text doch noch lesbar machen konnte. Und bei allen anderen, die ich hier vergessen habe, oder die sich über diese Danksagung oder überhaupt über dieses Buch aufregen, dafür, dass sie mich nicht direkt deswegen angegriffen haben, mit einem bösen Zauber überzogen oder öffentlich der „Laberei" bezichtigen. Ich gehöre zu den Menschen, die die reale Welt der virtuellen allemal vorziehen und ich finde, es ist ein wunderbarer Zustand, Teil eines hochkarätigen und zuverlässigen menschlichen Netzwerkes zu sein, das weit über die bloße internetgestützte technische Vernetzung hinausgeht. Dafür ist ein ausformuliertes und/oder ausgesprochenes „Danke!", meine ich, nicht übertrieben. Und die anderen können das Kapitel ja überspringen.

Literatur

Warnung: Dieses Literaturverzeichnis bezieht sich bis auf wenige Ausnahmen absichtlich nicht auf die aktuellste Literatur, sondern auf viele inzwischen „Klassiker" genannte Bücher, die in der Entstehungs-, der Pionierzeit sozusagen dieses Ansatzes geschrieben wurden. Sie tragen die Original-Handschrift der ursprünglichen Denker, Philosophen, Therapeuten und Erkenntnistheoretiker, die seinerzeit zu einer fundamentalistischen Veränderung der Einstellung in Teilen der fortschrittlichen Beratungs- und Therapieszene führten.

Dieses Verzeichnis erhebt weder den Anspruch auf Vollständigkeit, noch auf Wissenschaftlichkeit noch auf ähnlich konstruierbare Begrifflichkeiten, deren Konnotation so etwas wie „Vollständigkeit" oder „Wahrheit" nahelegt. Es soll lediglich eine Anregung zur Erweiterung des persönlichen Möglichkeitsraumes bieten. Natürlich gibt es auch neuere Titel zum Thema. Dieses Büchlein versucht die „Version 1.0", also so eine Art grundsätzlicher Haltung zu vermitteln. Und da – so die Überzeugung des Autors, hilft es manchmal auf die Originale zurückzugreifen, und sich selbst ein Urteil zu bilden. Als besonders für „Laien" oder „Anfänger" hilfreich habe ich allerdings den relativ neuen Titel von Carmen Kindl-Beilfuß (Carl-Auer-Verlag, 2008) empfunden, die sich ausführlich mit Fragen beschäftigt und auch 111 Karten mit Fragen als „Spickzettel" anbietet. Da dürften dann auch einem nicht sehr erfahrenen Berater kaum noch die Ideen ausgehen.

Ein guter Einstieg in das Thema überhaupt könnten alle Bücher von Jürgen Hargens sein. Nach meinem Empfinden gibt es keinen zweiten Menschen in Deutschland, der Dinge derartig vereinfachen kann, ohne die Qualität der eigenen Gedanken auch nur zu berühren. Ich habe die Literaturtipps gegliedert in die Themen „Beratung/Beratungstechniken", „Erkenntnistheorie" und „Sonstige interessante Titel". Obwohl nicht nur die Bücher von Jürgen Hargens meist die beiden erstgenannten Seiten beleuchten.

Die Klassiker habe ich mit einem „*(K)*" gekennzeichnet. Diese Bücher muss kein Mensch gelesen haben. Wer gerne verstehen möchte, wie sich die ersten Ideen förmlich als revolutionäre „Gegenbewegung" zum klassischen medizinischen Krankheitsmodell entwickelt haben, ist hier gut beraten, eine – vermutlich für einige mit diesem Ansatz erfahrenere Leser heute nur noch anekdotische – Reise in die Vergangenheit zu buchen. Es ist auch eine Art Kulturgeschichte Europas. Einige meiner Kollegen und ich sind sogar der Meinung, dass sich erschütternderweise seit fast 35 Jahren das „Neue" an dieser Beratungsmethode für viele Menschen, wenn nicht die Mehrheit sogar, erhalten hat. Nichts ist schwieriger als ein Kulturwandel, und die Menschen sind in Ihrer Tradition tief verwurzelt. Die in diesem Buch beschriebene Art der Beratung fällt einigen Menschen leicht, ja sie erledigen diese Arbeit geradezu elegant. Sie können sich vom althergebrachten „Ursache-Wirkungs-Prinzip" weitestgehend verabschieden und müssen sich nicht persönlich verletzt fühlen bei der Erkenntnis, dass es mit der „Wahrheit" nicht weiter her sein kann als sie mit der menschlichen Erkenntnisfähigkeit erfassbar ist. Für die anderen ist es vielleicht sogar heute noch ein Abenteuer, sich mit diesen Gedanken vertraut zu machen: Man muss gar keine absolute Wahrheit kennen, um sich in dieser Welt zurechtzufinden. Oder, wie Albert Einstein schon sagte: „Man muss diese Welt nicht verstehen, man muss sich nur in ihr zurechtfinden!" Und wie der Autor dieses Büchlein glaubt: „ … dann wäre sie vielleicht auch eine friedlichere Welt, in der nicht jeder, der merkt, dass er etwas nicht versteht, sein eigenes Unverständnis als sichere Erkenntnis, als absolute Wahrheit tarnen, verkaufen, verteidigen und die anderen „Wahrheiten" anderer Menschen unter Umständen bis zu deren Tod bekämpfen muss!" Vielleicht könnte man sogar einfach nur friedlich zusammenleben.

Und natürlich sind immer noch alle Bücher von Friedemann Schulz von Thun (z.B. die Reihe „Miteinander reden") lesenswert, alleine wegen seines Nachwortes „Bleiben Se Mensch, Herr Psychologe!", das er in irgendeinem seiner vielen Bücher so menschlich, wie er eben auftritt, formuliert hat. Ich weiß leider nicht mehr in welchem. Das müssen Sie schon selbst herausfinden (einfach alle Titel lesen!).

Beratung / Beratungstechniken

(K) Andersen, Tom (Hrsg.): Das Reflektierende Team, verlag modernes lernen Borgmann KG, Dortmund, 1990

Bardmann, Theodor M.; Kersting, Heinz J.; Vogel, H.-Christoph und Woltmann, Bernd: Irritation als Plan. Konstruktivistische Einredungen. Wissenschaftlicher Verlag, des Institutes für Beratung und Supervision, Aachen, 1991

Cecchin, Gianfranco, Lane, Gerry; Ray, Wendel A.: Respektlosigkeit, Carl-Auer-Systeme Verlag, Heidelberg, 2. Auflage 1996

Grau, Uwe, Möller, Jens, Rohweder, Norbert: Erfolgreiche Strategien zur Problemlösung im Sport bei philippka, Münster, 1990

Hargens, Jürgen; von Schlippe, Arist (Hrsg.): Das Spiel der Ideen. borgmann, Dortmund, 2. Auflage, 2002

(K) Hargens, Jürgen: „Bitte nicht helfen! Es ist auch so schon schwer genug: (K)ein Selbsthilfebuch", Carl-Auer-Systeme Verlag, Heidelberg, 2006

Hargens, Jürgen: Erfolgreich führen und leiten – das will ich auch können … borgmann, Dortmund, 4. Auflage, 2010

Hargens, Jürgen: Lösungsorientierte Therapie … was hilft, wenn nichts hilft … borgmann, Dortmund, 2007

Hargens, Jürgen: So kann´s gelingen. Rahmen hilfreicher Gespräche im beraterisch-therapeutischen Kontext. borgmann, Dortmund, 2010

Hargens, Jürgen: Systemische Therapie… und gut. Ein Lehrstück mit Hägar. verlag modernes lernen, Dortmund, 3., unveränderte Auflage, 2006

Hargens, Jürgen: Werkstattbuch Systemisches Coaching. BORGMANN HOLDING AG, Basel, 2., durchgesehene Auflage 2010

Hargens, Jürgen: Kundige Menschen sind HeldInnen. SolArgent Media, Division of BORGMANN HOLDING AG, Basel, 2012

Kindl-Beilfuss, Carmen: Fragen können wie Küsse schmecken. Systemische Fragetechniken für Anfänger und Fortgeschrittene. Carl-Auer-Verlag, Heidelberg, 2008

Miller, Scott D.; Berg, Insoo Kim: Die Wunder-Methode. verlag modernes lernen, Dortmund, 2. Aufl. 1999

Mücke, Klaus: Probleme sind Lösungen. Klaus Mücke Öko-Systeme Verlag, Potsdam, 2001

(K) Selvini-Palazzoli, Mara: Paradoxon und Gegenparadoxon. Klett-Cotta, Stuttgart, 1985

(K) Selvini-Palazzoli, Mara: Der entzauberte Magier. Klett-Cotta, Stuttgart, 1976

Shazer, Steve de: Das Spiel mit den Unterschieden. Wie therapeutische Lösungen lösen. Carl-Auer-Systeme Verlag, Heidelberg, 3. Auflage, 1998

Shazer, Steve de: Der Dreh. Überraschende Wendungen und Lösungen in der Kurzzeittherapie, Carl-Auer-Systeme Verlag, Heidelberg, 1989

Scheer, Heinz-Detlef: Erfolgreiche Strategien für starke Teams, Verlag Merkur, München, 1997

Simon, Fritz B.; Rech-Simon, Christel: Zirkuläres Fragen. Systemische Therapie in Fallbeispielen: Ein Lehrbuch. Carl-Auer-Systeme-Verlag, Heidelberg, 3. Auflage 2000

Tietze, Kim-Oliver: Kollegiale Beratung. Problemlösungen gemeinsam entwickeln, rororo, Reinbek bei Hamburg, 4. Auflage 2010

Erkenntnistheorie

(K) Bateson, Gregory: Ökologie des Geistes. suhrkamp taschenbuch wissenschaft, 1985

K) Foerster, Heinz von: Die Wahrheit ist die Erfindung eines Lügners, Carl-Auer-Systeme Verlag, Heidelberg, 9. Auflage, 2011

Foerster, Heinz von; Glasersfeld, Ernst von: Wie wir uns erfinden, Car-Auer-Systeme Verlag, Heidelberg, 1999

(K) Maturana, Humberto R.; Varela, Francisco J.: Der Baum der Erkenntnis. Scherz, München 3. Auflage 1987

(K) Watzlawick, Paul: wie wirklich ist die Wirklichkeit, Piper, München, 1. Auflage, 1978

Sonstige interessante Titel

Greif, Siegfried: Die härtesten Forschungsergebnisse zum Coaching-Erfolg, in: Coaching-Magazin, 3/2008, Seite 46-49

Simon, Fritz B.: Meine Psychose, mein Fahrrad und ich. Zur Selbstorganisation der Verrücktheit. Carl-Auer-Systeme Verlag, Heidelberg, 1991

Tietze, Kim-Oliver: Wirkprozesse und personenbezogene Wirkungen von kollegialer Beratung, Verlag für Sozialwissenschaften, Wiesbaden, 2010

Phase	Ratsuchender	Berater
Bericht des Ratsuchenden	Ratsuchender berichtet anhand der Leitfragen oder ohne. Er wird *nicht* unterbrochen!	Berater hören *nur* zu!
Interview	Beantwortet die Fragen!	Berater interviewen den Ratsuchenden. Spielregeln: (1) Einer stellt immer nur eine Frage zur Zeit und akzeptiert die Antwort (2) Bis auf weiteres sind Ratschläge und Lösungsstrategien - auch „versteckt" – untersagt
Hypothesenbildung	Ratsuchender hört *nur* zu! Am besten ohne Blickkontakt (z.B. hinter einer Pinnwand / mit dem Rücken zur Gruppe).	Berater reden *miteinander(!)*, bilden die verschiedensten Hypothesen zur (Problem-) Geschichte des Ratsuchenden
Kommentar	Ratsuchender kommentiert, wie bei ihm angekommen ist, was die anderen für Gedanken entwickelt haben, aufgrund der Antworten, die er ihnen gab	Berater hören *nur* zu!
Restfragen	Beantwortet zusätzliche Fragen der Berater.	Stellen aufgetauchte zusätzliche Fragen.
Schlussrunde	Hört *nur* zu!	Jeder macht mindestens einen - aber immer nur einen Vorschlag zurzeit – nach dem Strickmuster: „Wenn ich an der Stelle unseres Ratsuchenden wäre, würde ich als nächsten Schritt Folgendes tun: …!"
Sharing	Geht (trinkt Kaffee o.ä.) oder bleibt: Wenn er bleibt, hört er *nur* zu!	Die Berater erzählen sich gegenseitig – wenn gewünscht – die eigenen, mit der (Problem-)Geschichte des Ratsuchenden verwandten Erfahrungen.

Tabelle 1: Einfacher Ablaufplan eines Reflecting Teams, „Version 1.0"

Der Ablauf einer Sitzung mit Interviewer ist genauso zu gestalten mit dem Unterschied, dass niemand aus dem engeren Reflecting Team mit dem Ratsuchenden direkt spricht, sondern der Interviewer im eigenen Auftrag UND im Auftrag der Gruppe mit dem Ratsuchenden spricht. Das Team ist die ganze Zeit im Hintergrund und kann Fragen anmahnen, den Prozess stoppen, Interpretationen abgeben (Hypothesengenerierung) und so weiter.

Der Interviewer führt das Gespräch und nutzt das Team. Idealerweise sitzt das Team getrennt vom Ratsuchenden im Nebenraum und ist per Einwegscheibe und Mikrofonanlage „einblendbar" und wieder ausschaltbar durch den Interviewer. Oder sogar durch den Ratsuchenden. Hier ist auch experimentieren und Erfahrung gefragt. Solange die grundsätzlichen Spielregeln eingehalten werden, darf an dieser Stelle natürlich experimentiert werden. Doch es gilt auch hier: Weniger ist mehr!

Leitfragen zur Vorbereitung für den Ratsuchenden

Diese Leitfragen können helfen, den Beratungsprozess zu beschleunigen und das Ziel für diese Sitzung, das Ziel für das Thema des Ratsuchenden und den Auftrag an die Gruppe deutlich zu machen. Außerdem helfen sie, ein stringentes Bild des Themas durch den Ratsuchenden zu produzieren, auf das die Beraterrunde dann eingehen, es erweitern und vervollständigen kann.

(1) Welchen Titel geben Sie Ihrem Thema? Was wäre die Schlagzeile, wenn morgen in einer sehr populären Tageszeitung ein Artikel darüber stehen würde?

(2) Was ist die „Story" hinter der Schlagzeile? Was ist also passiert?

(3) Welches sind aus Ihrer heutigen Sicht die direkten und indirekten Beteiligten an der Geschichte? Wer hat außer Ihnen Interesse daran, das Thema in den Griff zu bekommen?

(4) Was daran ist für Sie tatsächlich problematisch?

(5) Warum meinen Sie, müssen ausgerechnet Sie eingreifen?

(6) Was sind Ihrer Meinung nach die Ursachen für das Problem?

(7) Was passiert, wenn nichts passiert? Wie also wird sich die Geschichte weiterentwickeln, wenn Sie gar nichts tun?

(8) Wie wichtig ist mir eine tatsächliche Veränderung? Was ist das Ziel unserer Sitzung heute. Was erwarten Sie von der Beratergruppe?

(9) Was wollen Sie selber als „Teil Ihrer Geschichte" erreichen?

Zielführende Fragen und hilfreiche Bemerkungen für die Berater in den verschiedenen Phasen (Spickzettel)

Diese Sammlung von Fragen hat sich während der vielen Jahre Praxis mit Reflecting Teams als guter Fundus erwiesen. Diese Sammlung soll der Anregung dienen. Alle anderen Fragen sind ebenso wichtig, wenn der Kontext passt. Ich habe Sie auf Anregung einiger Teilnehmer hier zusammengefasst.

Interview: Ent-Deckung des Problems als „Problem"

(1) Wer hat das Problem zuerst "entdeckt"?
(2) Wieso gerade jetzt (warum nicht früher oder später)?
(3) Wie kommen Sie auf die Idee, eingreifen zu sollen?
(4) Haben Sie so etwas schon einmal oder so ähnlich erlebt?

Wem gehört das Problem tatsächlich?

Dass mein Kollege nie seinen Schreibtisch aufräumt oder ein „unordentlicher Mensch" ist, kann ja kaum mein Problem sein. Wenn es mein Problem wäre, müsste ich eine Lösungsstrategie entwickeln, die letztlich bewirkt, dass mein Kollege umerzogen und ein „ordentlicher" Mensch wird. Mein Problem mag stattdessen sein, dass ich bei ihm – wenn ich ihn vertreten soll - nichts finde, und das kostet dann meine

Zeit, und das ärgert mich, und das ist dann mein Problem. Beide Varianten führen selbstverständlich zu völlig anderen Strategieentwürfen!
Ungeklärte Problem-Besitzverhältnisse sind nicht zielführend bei der Entwicklung von Lösungsstrategien!
Einige Menschen (mit „Helfersyndrom") versuchen, Probleme anderer Menschen zu lösen. Es gibt Leute, die haben ganz offensichtlich Probleme, wollen das aber nicht sehen und meinen, für die Lösung müssten andere sorgen!
Vorschläge zu Fragen finden Sie hier:

(1) Wem gehört das Problem?
(2) Gibt es offene Anteilseigner? Wer steckt mit drin?
(3) Gibt es bereits erkennbare Interessen?
(4) Wer hat persönlichen Nutzen von der Lösung des Problems?
(5) Wer sind also meine Stakeholder und was haben sie für Interessen?

Was ist die dahinter liegende Geschichte, die „Story"?

Hier wird in der Regel der meiste Aufklärungsbedarf für die Berater bestehen, bevor sie gründlich, zur Wirklichkeit des Ratsuchenden passend, und effektiv Lösungsstrategien entwickeln können. Als hilfreich hat sich erwiesen, wenn Berater während des Interviews im Kopf folgende drei Aspekte auseinanderhalten:

(1) Die Geschichte des Problems.
(2) Die aktuelle Situation des Problems.
(3) Die vermutlich weitere Entwicklung des Problems.

Fragen zur Entwicklung des Problems

(1) Gibt es eine Entwicklung, oder war es von Anfang an problematisch?
(2) Was sind die Unterschiede zu der Zeit, als es noch kein Problem war?
(3) Hat sich Ihre persönliche Belastung verändert?
(4) Lief die Entwicklung für alle Beteiligten gleich oder unterschiedlich?
(5) Haben Sie solch eine Entwicklung schon mal erlebt?
(6) Wie sind Sie normalerweise mit solchen Belastungen umgegangen?
(7) Was waren die Ergebnisse?

Die aktuelle Situation des Ratsuchenden

(1) Würden Sie im Moment die „Schlagzeile" zum Problem noch genauso formulieren?
(2) Was genau belastet Sie jetzt und hier?
(3) Was genau sind jetzt Ihre Gefühle im Zusammenhang mit dem Problem?
(4) Wer hat vermutlich ähnliche Interessen wie Sie? Wer gerade nicht?
(5) Wer würde von Lösungen profitieren?
(6) Wer hätte wohl kaum Interesse an einer Lösung?
(7) Gesetzt den Fall, das Problem wäre plötzlich weg. Möchten Sie die Veränderungen, die Sie vermutlich erleben werden, tatsächlich haben?

Die zukünftige Entwicklung

(1) Was passiert, wenn nichts passiert?
(2) Was muss genau passieren, damit eine untragbare Entwicklung entsteht?

(3) Wie genau könnte ein problemfreier Tag (eine Woche, ein Monat) für Sie aussehen?

Hypothesengenerierung

Bei der Hypothesengenerierung sollte unbedingt vom Moderator darauf geachtet werden, dass keiner der Berater aus Versehen anfängt, um seine guten, in Hypothesen versteckten Ratschläge, zu kämpfen.

Es fällt uns offenbar aus verschiedenen Gründen, die alle in unserer Sozialisation zu suchen sind, unendlich schwer, nicht im Schnellverfahren Ratschläge zu formulieren, wenn wir mitbekommen, dass jemand Probleme hat. Wir möchten gerne helfen, wir möchten als guter Berater dastehen. Wir meinen, was für uns gut ist, ist es auch für andere und so weiter.

Es ist ganz normal, dass der eine oder andere immer mal wieder der Versuchung erliegt, Lösungen vorzuschlagen, anstatt Hypothesen zu entwickeln. Es wäre hier wirklich schade, wenn derjenige nicht gestoppt würde. Der Ratsuchende profitiert wesentlich mehr, wenn sein Thema ausführlich rekonstruiert wurde und dann erst Lösungen entstehen.

Überlegungen zur Schlussrunde

Es soll keine Runde mit einer Art „Silvestervorsatz" enden! Denn das kann bedeuten, dass der Ratsuchende mit einer tollen Idee nach Hause geht und das war es dann. Der Ratsuchende soll ja in die Lage versetzt werden, zielführende Schritte einzuleiten. Und das mit möglichst normalem Energieaufwand, wenig Stress und viel Erfolg. Jede einzuleitende Veränderung birgt das Risiko, von lebenden Systemen als Gefahr, zumindest als unnötige Anstrengung interpretiert zu werden. Die

Folge wäre fatal, der erste Schritt würde nicht einmal umgesetzt. Dies ist der Grund dafür, dass zum Beispiel fast alle Menschen wissen, wie man abnimmt, jedoch kaum einer dabei dauerhaft erfolgreich ist.

Und wir sollten den „sekundären Problemgewinn"[12] berücksichtigen: sogar belastende Probleme sind immer auch mit Vorteilen verbunden. Man bekommt unter Umständen die Zuwendung, nach der man sich so lange und intensiv gesehnt hat. Warum sollte man dann das Problem, das so „hilfreich" war, aufgeben? Auf die Dauer gewöhnt man sich daran. Und obwohl es doch sehr unangenehm ist, das Problem zu behalten, glaubt man manchmal, das Ratsuchende geradezu an ihrem Problem hängen, und es niemals aufgeben würden, obwohl sie offenbar doch gerade deswegen in die Beratungsrunde gekommen sind. Kaum zu glauben? Ja, das ist wohl wahr und trotzdem die wiederkehrende Erfahrung fast aller Berater!

Haben Sie nicht selber schon manchmal gedacht, sie müssten mit Ihrem Partner oder Chef oder Kollegen in einen richtigen Konflikt gehen, um für sich Vorteile, die Ihnen zustehen, rauszuholen? Und dann haben Sie es doch nicht gemacht? Um des lieben Friedens willen? Oder um den Job oder gewisse Privilegien nicht zu verlieren? Sehen Sie?

Meine eigene Veränderung bedingt zudem bei andern den Zwang, sich selbst zu verändern. Und das wollen nicht alle Menschen gleichermaßen gerne. Also muss ich gelegentlich mit Widerstand rechnen. Manchmal steht einem sogar die eigene belastende Vergangenheit im Weg, die einen zur Veränderung antreiben sollte: „so schlecht war es früher ja schließlich dann doch nicht, oder?!"

Man könnte es so ausdrücken: Wir müssen aus unserer „Komfortzone" heraus, um neue Weg zu gehen, bis diese dann zur Komfortzone dazugehören! Wie kann ich also für andere – den Ratsuchenden, meinen Kunden – eine Erfolg versprechende Strategie entwickeln?

---

[12] In Anlehnung an den „sekundären Krankheitsgewinn"

Fragen zur Strategieentwicklung

(1) Wo kann mein Ratsuchender mit dem geringsten Aufwand tatsächlich etwas initial verändern?
(2) Was ist das Dringendste und das Wichtigste für meinen Ratsuchenden?
(3) Welche Widerstände und Hindernisse drohen ihm?
(4) Welchen ersten Schritt kann mein Ratsuchender tatsächlich alleine erfolgreich initiieren?
(5) Besteht eine Passung zum rechtlichen Kontext? Alles legal?
(6) Sind die Folgen übersehbar?
(7) Ist mein Ratsuchender in der Lage einen Erfolg festzustellen? Gibt es Hinweise auf SMARTe Teilziele?
(8) Wird mein Ratsuchender sich schon – und wenn ja wie – für die Erreichung der ersten Teilziele belohnen, weil sie schon erkennbare Verbesserungen beinhalten?
(9) Passen meine Vorschläge überhaupt zu den Denk- und Verhaltensstilen meines Ratsuchenden? Zu seiner „Persönlichkeit"?

Die Strategie soll umgesetzt werden!

Nach dem bereits zitierten Steve De Shazer muss man „Unterschiede machen, die Unterschiede machen", damit sich etwas verändert. Klingt banal, ist dafür essenziell. Manche Ratsuchenden sind an dieser Stelle eher überfordert, sich selbst eine Strategie zu wählen, zu entwickeln, und sie dann auf die SMART – Kriterien zu überprüfen und anzupassen. Sie sind viel zu viel mit Ihrem Selbstbild, mit den neuen Möglichkeiten, mit der Aussicht auf Besserung ihrer Lage, mit den Eindrücken aus der Beratungsrunde und so weiter beschäftigt. Manche Berater sind der festen Überzeugung, dass man dem Ratsuchenden genau hierzu verhelfen muss, sonst würde sich nichts (ver)ändern.

Ich bin der Überzeugung, dass die direkte Dienstleistung der Beratergruppe für den Ratsuchenden an dieser Stelle endet. Diese Arbeit ist die Arbeit eines reflektierenden Teams und überlässt damit die Folgen dieses Reflektierens dem Ratsuchenden. Dieser wird ja, wie schon mehrfach betont, als gesunder, erwachsener, kompetenter Mensch aufgefasst, der die wesentlichen Entscheidungen in seinem Leben selber trifft. Deshalb sind sogar einige der Meinung, es sollte bei einem Reflecting Team überhaupt keine Lösungsstrategievorschläge geben und die Arbeit wäre bereits nach der Hypothesenbildung zu Ende. So kann man das durchaus betrachten. Ich gehe den einen Schritt weiter. Ich habe in vielen Hundert Sitzungen die Erfahrung gemacht, dass Mensch zu eigenen Gunsten handeln und dafür ein großes Repertoire besitzen. Sie machen nach einer Sitzung, was sie wollen. Gott sei Dank!

Diese hier beschriebene Beratungsarbeit liefert Anregungen, „Verstörungen", Perspektiven und Hunderte von Ideen pro Sitzung. Sie hat aus Respekt vor dem Menschen, auch bar jeder therapeutischer Ansprüche, keinerlei Ambitionen, Verhaltensvorschriften zu machen.

Glossar

Im Folgenden werden einige Kernthesen und -begriffe aufgegriffen, die bei Unklarheiten ein verkürztes „Nachschlagen" erlauben sollen, ohne sich noch einmal in die Lektüre des entsprechenden Kapitels zu vertiefen. Einige Begriffe werden im Hauptteil des Buches ausführlicher behandelt, einige nur hier erläutert. Dies ist jeweils durch den Hinweis auf die ausführlicheren Textteile gekennzeichnet. Im Vergleich ist dieses Glossar aufgrund der Wünsche der Teilnehmer meiner Seminare etwas angewachsen.

Autopoietisches System

Sehr vereinfacht gesagt handelt es sich hier um einen Ausdruck, der ursprünglich auf Humberto Maturana zurückgeht und sich um eine Definition von Leben und nicht-Leben bemüht. Danach können (neuro)biologische Systeme, die sich selbst über die ganz spezifische Kooperation ihrer Elemente quasi in einem Fließgleichgewicht erhalten zwar Stoffe aus der Umwelt aufnehmen und somit „kommunizieren", sie tun es aber nicht direkt mit der Umwelt, sondern eigentlich nur selbstreferentiell, also nur, wenn es der Aufrechterhaltung ihrer Existenz als solcher dient, indem die aufgenommenen Stoffe sofort umgewandelt werden in Baustoffe, die der Organismus zur Erhaltung seiner selbst benötigt. Ein autopoietisches System ist somit in seiner Umwelt, mit der es kommuniziert, existent, und gleichzeitig von ihr abhängig und unabhängig. Findet die Selbsterhaltung nicht mehr statt, stirbt es, findet sie statt, nur und ausschließlich zu den aus sich selbst heraus definierten Bedingungen.

So nehmen kommunizierende Systeme nur Informationen auf, die zu ihrem eigenen „Thema" passen, die also „anschlussfähig" sind. Der Begriff der „Passung" ist ein ganz wesentlicher Begriff in der systemisch-konstruktivistischen Gedankenwelt. Da Menschen nur einen Sinn in dem (an)erkennen, was sie bereits als Sinn erkannt ((re)konstruiert) haben, macht es auch wenig Sinn, Ihnen von einem fremden Standpunkt aus „Ratschläge" zu erteilen, damit sie sich weiterentwickeln oder etwas lernen, was sie bisher noch nicht „kannten". Schon gar nicht macht es Sinn, Ratschläge eines anderen, fremden Systems zu verfolgen, selbst wenn die Ratschläge ankämen, also verstanden würden, solange deren Komponenten nicht als sinngebend oder lebensnotwendig bzgl. des eigenen Organismus gesehen werden. Hieraus folgt die Einsicht, dass man menschlichen Systemen zum Beispiel als Coach oder Therapeut oder auch kollegialer Coach (Veränderungs)Impulse anbieten kann. Ohne aber Gewalt ausüben zu wollen (und selbst dann) muss man damit leben (und kann das natürlich auch), dass die Richtung, die Art und Weise und die Intensität der Veränderung vom (beratenen) System selbst bestimmt wird.

Dienstleistung

Bei der *gegenseitigen Beratung im Team* geht es um eine Dienstleistung für den Ratsuchenden. Es geht nicht um die Berater. Alles Handeln während der Beratungssitzung ist auf den Nutzen für den Ratsuchenden ausgerichtet. Der Nutzen des Ratsuchenden ist also die Leitlinie (nicht nur) dieser Beratungsmethode.

Einwegscheiben

Einwegscheiben sind spezialbeschichtete Glasscheiben, die den Blick von der dunklen (nicht beleuchteten) Seite auf die helle (will sagen: hell erleuchtete) Seite zulassen, nicht aber umgekehrt. Jemand auf der dunklen Seite sieht eine schwarze Fläche oder eine als Spiegel getarnte Glaswand. Einwegscheiben benutzt man zum Beispiel in der Erziehungsberatung, in der Diagnostik kleinkindlichen Verhaltens et cetera: auf der einen Seite spielt zum Beispiel ein Kind (im sogenannten Spielzimmer von Beratungsstellen), auf der anderen Seite stehen die Eltern und beobachten mit einem Therapeuten zusammen das Verhalten des Kindes.

Einige Familientherapeuten nutzen die vorhandenen Einwegscheiben zur Trennung des Beratungsgesprächs selbst (Interviewer und Kind) vom Reflecting Team hinter der Scheibe. Das Beratungsteam ist in diesem Fall auch akustisch völlig abgeschottet und hört nur durch Lautsprecher dem Interview auf der anderen Seite zu. Das Gespräch zwischen Interviewer und Kunde wird somit nicht durch das laute bilden von Hypothesen des Teams gestört. Die laut geäußerten Gedanken des Teams haben hier eine ähnliche Funktion wie die „Tratschrunde" im einfachen Teammodell. Als „Ersatz" für Einwegscheiben können auch Stellwände et cetera benutzt werden, wie im Beispiel „Maria Theresa" beschrieben.

Entität

Aus dem lateinischen (*entitas*) stammend und in etwa „seiend" bedeutend. Eine Art Sammelbegriff, möchte man etwas Existierendes besprechen, ohne auch nur annähernd über dessen Eigenschaften reden zu müssen, womöglich um dann anhand von behaupteten Wahrheiten dessen Existenz oder sogar über den an sich ja willkürlich (re)konstruierten „Wert für ...." erst zu beweisen. Es kann ein Ding sein, eine Idee, ein Prozess. Eben etwas, das als Vorstellung im Hirn eines Beobachters (re)konstruiert wurde und damit zu einer Existenz, also einer Entität wurde (zumindest im Hirn dieses Beobachters). Der Ausdruck bezeichnet auch das *Dasein* im Gegensatz zum *Wassein* oder *Sosein* eines Etwas.

Forschende Fragen

Forschende Fragen stellt man aus der „Reporter-Haltung" heraus. Es geht darum, das Problem zu erforschen. Eine Spezialform sind die „zirkulären Fragen", mithilfe derer ich zum Beispiel Menschen zum „sprechen" bringen kann, die gerade nicht anwesend sind, aber für das Problem eine Rolle zu spielen scheinen. Beispiel: „Wie würde Ihr Mitarbeiter Herr Meyer ihr Problem beschreiben?"

Funktionen von Problemen

Probleme sind oft nicht an sich existent, sondern haben für einen oder mehrere der Beteiligten eine beschreibbare Funktion. Beispiel: Jemand leidet unter einem Problem erheblich. Das Problem hat jedoch in einem bestimmten Rahmen betrachtet auch eine Funktion. Betrachtet man nun diese Funktion, dann ergeben sich ganz andere Lösungswege, als wenn man das Problem isoliert als das Problem einer bestimmten Person betrachtet.

Humor in der Beratungsarbeit

Ein weithin ausgeklammertes Kapitel in der Beratungsdiskussion. Obwohl durchaus Entwicklungen zu beobachten sind, gilt es gemeinhin nicht als opportun, bei der Arbeit an einem belastenden Problem zu lachen. Lachen wird fast immer interpretiert als ein „nicht ernst nehmen" des Kunden/Klienten. Die Erfahrung zeigt, dass man Wertschätzung eines Menschen schwerlich durch ein Humorverbot erlassen kann, ganz im Gegenteil: Es ist wohl eher so, dass Berater, die sich zwingen, ernst zu wirken, um damit Wertschätzung zu demonstrieren, auch, wenn ihnen eher zum Lachen ist (viele Probleme, seien sie auch noch so belastend, haben einfach humoreske Komponenten, übrigens auch für den Kunden!), unglaubwürdig und gekünstelt wirken. Wenn von Glaubwürdigkeit und Authentizität des Beraters der Erfolg teilweise abhängt (und da scheint sich die Fachwelt einig), dann muss auch Humor erlaubt sein. Wer allerdings darauf verfällt, seinen Kunden auszulachen, hat seinen Job ohnehin verfehlt. Ratsuchende bestätigen vielfach die helfende Wirkung des Humors: Humor schafft offenbar eine „gesunde Distanz" zum eigenen Problem. Und mit etwas Distanz und Humor kann man Probleme manchmal einfach besser in den Griff bekommen. Wertschätzung kann man eben auch anders ausdrücken, nicht nur durch eine todernste Miene!

Interviewer

In einem der Settings von Teamberatung führt ein „Interviewer" getrennt vom Team das Beratungsgespräch mit dem Kunden. Vorteil: der Interviewer kann sich voll auf ein Gespräch konzentrieren, das Team auf die Hypothesenbildung zum Problem. Nachteil: relativ aufwendig durch Technik, wie zum Beispiel Einwegscheiben oder ähnliches, wenn man das Team völlig abtrennen möchte. Aber auch Pinnwände reichen schon um die „Szenen" zu trennen. Optimal: optisch und akustisch dichte Abdeckung! Solche Räume findet man vor allem in Erziehungsberatungstellen. In solchen fing zumindest in Italien Mara Selvini-Palazzoli die Arbeit mit Reflecting Teams an. Sie hat es hier und da aus Forschungszwecken übertrieben. Beispielsweise in der zeitweise aufkommenden Forderung, alle für den Ratsuchenden relevanten Personen müssten zum Termin erscheinen. Das führt dann zu Sitzungen mit über 80 Personen (Italien war immer das Land der Großfamilien...). Die Entwicklung der Methoden in Italien ist wunderbar nachzulesen in den Büchern von Selvini-Palazzoli wie „Paradoxon und Gegenparadoxon" oder „Der entzauberte Magier".

Konstruktivistische oder hypothetische Fragen

Konstruktivistische oder hypothetische Fragen sind alle Fragen, die mit „was wäre, wenn ...?" beginnen, stellen also im Grunde hypothetische Fragen dar. Man regt den Ratsuchenden an, sich vorzustellen, bestimmte Bedingungen oder Personen hätten sich bereits verändert, oder würden sich spontan verändern. Man versucht so zum Beispiel auszuloten, welche Bedingungen, die für ein Problem verantwortlich scheinen, als besonders wichtig, unveränderlich, belastend und so weiter empfunden werden. Achtung: Konstruktivistische, hypothetische Fragen sollten keine versteckten Lösungsvorschläge beinhalten!

Konstruktivismus

Aus der erkenntnistheoretischen Frage, wie Menschen die Welt wahrnehmen, resultierte irgendwann der sogenannte Konstruktivismus. Geradezu sträflich verkürzt (für unsere Zwecke ausreichend) ausgedrückt, geht der Konstruktivismus davon aus, dass die Welt im Kopf des Beobachters beim Beobachten derselben entsteht. Für Fragen der Beratung von Menschen ergeben sich unter anderem folgende Gedanken: Einiges spricht dafür, dass die genaue Erkenntnis einer Welt, möge sie auch objektiv in all ihren Details vorhanden sein, für die Lösung von Konflikten weniger relevant ist als deren (Re-)Konstruktion, also die Vorstellung dieser Welt, die sich die Konfliktpartner machen. Da handelnde Wesen immer von ihrem eigenen theoretischen Handlungsentwurf geleitet werden, scheint es sinnvoll, zu gegebenem Anlass diesen Handlungsentwurf zu überprüfen, sodass andere Handlungen möglich werden als die vielleicht gerade als belastend empfundenen. Oder ganz einfach ausgedrückt: Man kann Dinge so oder so betrachten und somit möglicherweise einen Nutzenaspekt in einem „Problem" entdecken, sogar ohne zunächst das „Problem" selbst zu verändern.

Denn vielleicht macht mir gar nicht ein „objektiv" existierendes „Problem" Probleme, sondern nur die Art, wie ich es (einseitig negativ) betrachte.

Der oft eingebrachte Einwurf: „Aber wenn zwei Menschen exakt dasselbe beobachten und kein Missverständnis dabei entdecken können, weil sie exakt dieselben Beschreibungen benutzen...." begründet eben keine Existenz einer bereits exakt entdeckten „Wahrheit", sondern lediglich die von diesen zwei Menschen soeben geschaffene Existenz einer intersubjektiven Übereinstimmung über die Beschreibung eines Objektes, nicht aber über das Objekt der Begierde selbst!

Wer sich für diese Art von den eigenen Geist befreiender Hirnakrobatik interessiert, sei auf die Titel zum Konstruktivismus hingewiesen, vor allem auf die Texte zu und von Heinz von Förster oder auch den "Baum der Erkenntnis" von Maturana und Varela.

Metaphern

Metaphern nutzt man als „bildhafte Übertragung" eines Geschehens in einen anderen Gegenstandsbereich, um effektiver darüber reden zu können. Beispiel: Einem Technik gewohnten Ingenieur fällt es unter Umständen schwer, über persönliche Probleme mit Stress oder dem eigenen Selbstwert zu sprechen. Allerdings kann er sich dieselben Zusammenhänge eventuell sehr lebhaft und deutlich klarmachen, wenn man eine Metapher aus dem technischen Bereich benutzt. Zum Beispiel einen Dampfkessel: „Was muss passieren, damit das Ventil herausfliegt?"

Misserfolg

Misserfolg stellt eine bestimmte Deutung eines Geschehens dar, die nicht die einzige sein muss. Ob etwas ein Misserfolg ist oder nicht, hängt oft davon ab, was der jeweilige Beobachter, also zum Beispiel der Berater für sich selbst als Misserfolg betrachtet oder nicht. Dies muss zum Beispiel nicht 1:1 mit dem übereinstimmen, was der Ratsuchende denkt. Oftmals hängen beide (Re)Konstruktionen überhaupt nicht zusammen. Und während der Berater noch denkt, er hätte gerade einen Misserfolg erlebt bzw. „produziert", (re)konstruiert der Ratsuchende einen Erfolg für sich.

Mehrdeutigkeit von Ratschlägen

Manchmal erscheint es angemessen, mehrdeutige Ratschläge zu machen, wenn man zum Beispiel als Berater der Überzeugung ist, der Ratsuchende würde sich zu sehr an einen eindeutigen Rat klammern, von dem man selber nicht vollständig überzeugt ist. Oder man befürchtet, dass die zu einseitige Befolgung eines Rates dem Ratsuchenden nicht so von Nutzen sein wird, als wenn er weiter darüber nachdenkt, und für sich persönlich noch einmal verschiedene Lösungswege abwägt, um dann - erweitert um eigene Lösungs- beziehungsweise Strategieelemente - eine tatsächlich tragbare Lösung für sich zu konstruieren.

Mutwillige Uneinigkeit der Gruppe

Manchmal kommt es vor, dass sich ein Team bei der „Beurteilung" von Sachverhalten, also zum Beispiel einem vom Ratsuchenden als problematisch geschilderten System, sehr einig ist. Da unserer Überzeugung nach vor allem das Angebot von diversen verschiedenen Ansichten dem Ratsuchenden von Nutzen ist, kann ein

Team durchaus „mutwillig" verschiedene, mögliche Deutungen, Interpretationen einer Schilderung „verhandeln", um dem Ratsuchenden doch noch ein differenziertes Angebot an alternativen Sichtweisen zu machen.

Passung

Passung ist die zentrale Bedingung dafür das Kunstwerk systemisch-konstruktivistischer Beratung zu schaffen, welches in der Lage ist, zu helfen, einen Ratsuchenden in die Lage zu versetzen sich selbst im Sinne von Selbsthilfe weiterentwickeln zu können. Aufgrund erkenntnistheoretischer und ethisch-moralisch grundsätzlicher Überlegungen mutet ein systemisch-konstruktivistischer „Berater" seinem Kunden nicht zu, die im Kopf des Beraters entstehenden Lösungen zu adaptieren und um jeden Preis umzusetzen (was nach der Überzeugung systemisch-konstruktivistischer Berater sowieso nicht funktionieren kann).

Er bemüht sich vielmehr um „anschlussfähige" Impulse, die dem autopoietischen Kundensystem dazu verhelfen, sich in eine selbst gewählte, für es selbst sinnbringende und erfolgversprechende Richtung zu entwickeln (siehe hier im Glossar: „autopoietisches System").

Reframing

Reframing heißt etwa: „Einen neuen Rahmen geben." Was jemand aus seiner Sicht heraus als zum Beispiel belastende Situation erlebt, muss für einen anderen nicht zwingend dieselbe belastende Bedeutung haben. Je nach eingenommenem Blickwinkel ergeben sich unter Umständen Perspektiven, die durchaus eine positive, beziehungsweise nützliche, Bedeutung für den Ratsuchenden haben. Das Entscheidende scheint nicht zu sein, jemandem sein „Problem" ausreden zu wollen, da dies zu 99 % zu widerstandsähnlichen Reaktionen führt („ich lass' mir doch mein Problem nicht nehmen! = ausreden!"), sondern jemandem die Sicherheit zu geben, dass es „richtig" ist, wie er die Situation erlebt hat. Dieses Erleben bleibt sein „Hoheitsgebiet". Vielleicht kann man zusammen eine Bedeutung finden, die durch dieselbe unangetastete Situation alternativ möglich wird und dafür sorgen, dass der Ratsuchende in eben dieser Situation Aspekte entdeckt, die für ihn durchaus von Nutzen sein können. Wenn dies gelingt, ist auch eine konstruktive Auseinandersetzung mit einer als belastend empfundenen Situation möglich und wahrscheinlich. Plattes Beispiel: Mein Kollege nervt mich nicht nur ständig, sondern in der Abgrenzung zu ihm und seinen störenden Verhaltensweisen entwickle ich mich zu seinem Gegenpol. Das kann mir durchaus nützen! Es gibt mir zum Beispiel ein deutliches (wiedererkennbares, unverwechselbares) Profil!

Sekundärer Krankheitsgewinn

Eine Krankheit als primär belastender Faktor kann in Folge der Symptomentwicklung einen „sekundären Gewinn" für den Kranken zeigen, zum Beispiel die bis dahin ersehnte, jedoch dauerhaft vermisste Zuneigung von Menschen aus seinem sozialen Umfeld. Das Ergebnis einer subjektiven Kosten-Nutzen-Analyse kann dann sein, dass gegenüber der schwer zu erreichenden Heilung die bereits vorliegende Zuneigung scheinbar vorgezogen wird. Von außen betrachtet sieht das dann häufig so aus, als hänge der Kranke an seiner Krankheit, als wolle er keine Lösung, um die „Vorteile" der Krankheit zu behalten.

Selbstbefragung zu einem Problem

Bevor eine Beratungsrunde einberufen wird, sollte der Ratsuchende sich selbst systematisch zu seinem Problem „befragen". Das macht es für ihn klarer und spart im Endeffekt Zeit. Dazu kann er die Leitfragen benutzen, um eine private persönliche „Kosten-Nutzen-Analyse" seiner Fragestellung durchzuführen. Hinterher entscheidet er dann, ob er eine Beratungsrunde einberuft oder nicht.

Eine Selbstbefragung kann so weit gehen, dass sich die Einberufung einer Teamsitzung erübrigt. In diesem Falle müsste man von Selbstcoaching sprechen.

Setting

„Setting" bezeichnet die Gesamtheit aller Bedingungen einer Beratungssituation, angefangen bei den Umgebungsfaktoren wie Raum und Zeit, Ausstattung der Räume bis hin zu den beratenden Personen, der Sitzanordnung und den Grundüberzeugungen der Berater, die die Bedingungen, unter denen der Beratene die Beratung erleben wird, extrem stark beeinflussen.

Systemische Beratergruppe Kiel

Die Systemische Beratergruppe entstand unter der Leitung von Prof. Dr. Uwe Grau, der in den 80er und 90er Jahren des 20. Jahrhunderts an der Universität Kiel den Lehrstuhl für Pädagogische Psychologie innehatte. Jens Möller, Norbert Rohweder und Prof. Grau berieten im Rahmen eines von Grau ins Leben gerufenen „Praxis-Theorie-Projekts" jahrelang den Bundesliga-Handballtrainer des THW Kiel Johann Ingki Gunnarsson.

Aus diesem Projekt entwickelte sich eine pragmatische Beratungsmethodik im Rahmen systemisch-konstruktivistischen Denkens. Es wurden Hochleistungssportler der verschiedensten Sportarten, schließlich Politiker und Manager beraten.

Systemische Beratungsmethoden

Kein Mensch existiert für sich allein, losgelöst von allen anderen Bedingungen und Menschen, sondern eben gerade eingebettet in ein ganzes Bündel von Bedingungen, Bedeutungen von Ereignissen und Menschen um ihn herum, die in ständiger Interaktion und Kommunikation für die Schaffung dieser Bedeutungen sorgen, die sein Denken und Handeln bestimmen. Möchte ich jemandem helfen, indem ich ihm zur Nutzung seiner ganzen Ressourcen verhelfe, von denen vielleicht gerade ein Teil nicht zugänglich ist (aus welchem Grunde auch immer), dann sollte ich dieses Abhängigkeitsgeflecht, das „System", in dem er sich gerade befindet, berücksichtigen, beziehungsweise in die Entwürfe von Lösungsstrategien miteinbeziehen.

Systemisch-konstruktivistisch

Die Idee des systemisch-konstruktivistischen Denkens verbindet die beiden Perspektiven „systemisch" und „konstruktivistisch". Da alle am (im) System beteiligten Personen aus ihrer jeweiligen Systemperspektive heraus ein beliebiges Geschehen anders betrachten als jeweils alle anderen Systemmitglieder, dies jedoch nicht aus einem Objektivitätsanspruch heraus, sondern lediglich aus der (zufällig?) eingenommenen Perspektive entsteht, sind alle möglichen (Re-)Konstruktionen eines Geschehens von am System beteiligten Personen gleichberechtigte Sichtweisen. Der eigene Handlungsspielraum wird nun unter Umständen durch das experimentelle Einnehmen anderer Standpunkte zum gleichen Thema wesentlich erweitert. Dies stellt gewissermaßen die wohl berechtigte Hoffnung „Systemisch-Konstruktivistischer" Beratungsmethoden auf Erfolg dar, also auf den eines Reflecting Teams, das ja den intensiven Austausch von Interpretationsmöglichkeiten eines und desselben Geschehens zum letztendlichen Nutzen des Ratsuchenden bedeutet.

Theorie und Praxis

„Theorie" und „Praxis" sind oft nur zwei Seiten ein- und derselben Medaille: Ohne eine alltagspraktische „Theorie" läuft nichts, ohne Praxis bleibt die Theorie Selbstzweck.

„Tratschrunde"

Im einfachen Setting des Reflecting Teams findet die Hypothesenbildung zum „Problem" des Kunden (des Ratsuchenden) in der sogenannten „Tratschrunde" statt.
Jeder darf sagen, was er will, ohne Rücksicht darauf, ob ein anderes Teammitglied die aktuelle Idee als bloße Interpretation abtun möchte oder nicht. Gewisse Ähnlichkeiten mit Teilen einer „Brainstorming-Sitzung" (einer Kreativitätstechnik) bestehen.

Wem gehört das Problem wirklich?

Eine merkwürdig klingende, oft vergessene Frage. Solange die Besitzfrage eines Problems nicht geklärt ist, kann es riskant oder auch überflüssig sein, eine Lösungsstrategie zu entwickeln:
Wenn ich zum Beispiel nicht bedenke, dass die Lösung meines Problems in der Folge einem anderen Probleme bereitet, der erstens mächtiger ist als ich und zwei-

tens diese Macht willens ist einzusetzen, um mich von der Lösung abzubringen (zum Beispiel um selber Energie für einen Anpassungs- oder Veränderungsprozess zu sparen oder eine [vermeintliche] Gefährdung seiner [Macht-] Stellung abzuwenden), dann muss ich mit Widerstand von kompetenter Stelle rechnen und gefährde durch die Missachtung dieser Verhältnisse selbst den Erfolg meiner Strategie. Die Bilanz wäre die eines vergeudeten Engagements und damit vorprogrammierte Frustration für mich.

Zirkuläre Fragen

Mit zirkulären Fragen versucht man das Problem einzukreisen. Wer ist beteiligt? Wer hat welches Interesse? Wer hat welchen Nutzen durch die Aufrechterhaltung dieses spezifischen „Problems"? Für wen stellt eine Lösung ein potenzielles Problem dar? Wer sieht das so und wer anders? Hat das Problem eine Geschichte? Eine Entwicklung, einen abrupten Anfang? Wer sieht das Problem schon wie lange so und so? Gibt es für dieses Problem ein Publikum?

Mehr vom Autor:

www.scheerconsulting.de

www.coaching-fuer-hochbegabte.de

Für hochbegabte Menschen und solche, die sich über diese schlau machen wollen. Achtung: Hier könnte das eine oder andere nicht sorgfältig gehütete Vorurteil verloren gehen. BoD, Norderstedt, 64 Seiten, 6,90 €

Für Coaching-Interessierte. Und für alle, die immer noch glauben, „Coaching" sei eine Marotte amerikanisch geprägter Komödien mit leicht neurotisierendem Inhalt. BoD, Norderstedt, 64 Seiten, 6,90 €

Für Hochbegabte, die sich selbst besser verstehen möchten und natürlich für alle anderen Interessierten. Nicht unbedingt für Wissenschaftler, andererseits würden sie vermutlich etwas davon haben. BoD, Norderstedt, 335 Seiten, 22,90 €

Für Menschen, die gut gelaunt alt werden wollen. So, wie es für sie am besten ist, nicht, wie irgendwelche anderen es gerne hätten.
Pendo-Verlag, München, 144 Seiten, 9,90 €

Für den homo ludens, der trotz beruflichen Erfolges, Handys, Ehrenämtern, der Lage der Welt, allen Werteverfalls, drohender Wirtschaftskrisen, trotz Umweltverschmutzung, trotz Regierungsskandalen und Pisa-Studien den Wert einer fröhlichen Gemeinschaft von Spielern zum Lustgewinn, zur Unterstreichung der eigenen Existenz, mit guten Freunden, ohne den wehklagenden Ernst (der ist gerade auf der Sitzung eines Ausschusses) zu schätzen weiß. Carpe diem! BoD, Norderstedt, 112 Seiten, 12,95 €

Plädoyer für die Existenz einer aussterbenden Institution:
Die Buchhandlung um die Ecke.

Buchhandlung Sattler

Alle die genannten Bücher und noch viel mehr, tolle Romane von tollen AutorInnen, Sachbücher, die es in sich haben, spannende Krimis, ja tatsächlich (fast) alle überhaupt lieferbaren Bücher können Sie in unserer Buchhandlung bestellen. Und das weltweit. Und wir liefern auch weltweit.
Es handelt sich um eine der kleinen Buchhandlungen, die im Moment wegen des Aufkommens des im Zuge einer noch nie dagewesenen Konzentration von Kapital und Logistik und eines alles verändernden und verdrängenden Internethandels drohen im allgemeinen Massensterben der Sortimenter im Buchhandel unterzugehen.
Die Welt ändert sich und dieser Tatsache muss man sich stellen.
Natürlich hat der Autor dieses Buch mit dem Laptop geschrieben, mit dem er 24 Stunden erreichbar und fast ständig unterwegs ist. Er hat ein Smartphone und diverse Apps, um sich die Arbeit zu erleichtern, und seine Frau betreibt sogar neben der realen Buchhandlung einen Online-Buch-Shop. Selbstverständlich! Wir haben auch keine Angst, dass die Technik den Menschen eines Tages auffressen könnte. Der Mensch frisst sich immer nur selbst auf. Wenn er mit Technik nicht umgehen kann. Wir sind begeistert von Technik, auch, wenn wir nicht viel davon verstehen, wir wenden sie an, wenn sie unser Leben tatsächlich erleichtert.
Trotzdem ist es so, dass auch wir hoffen, durch verstärkte Anstrengungen zu den örtlichen Kulturunterstützern zu gehören, mit noch mehr Veranstaltungen, mit noch mehr Vernetzung, mit neuen modernen Vertriebswegen und mit Hilfe unserer ganzen Kreativität trotz aller und mit Hilfe gerade auch virtueller Aktivitäten auch noch real als Institution zu existieren, als Nachbarschaftsbuchhandlung sozusagen.
Wir bieten mit unserer Kleinstbuchhandlung vor Ort denselben Service wie die ganz großen und was die deutsche Literaturszene angeht, auch exakt dieselben Preise. Denn wir haben Gott sei Dank in Deutschland – sonst gäbe es kleinere Verlage schon lange nicht mehr und damit diese wunderbar bunte Bücherszene überhaupt auch nicht – die Preisbindung. Wir freuen uns über jede einzelne Bestellung von Ihnen! Und natürlich auf Ihren persönlichen Besuch. Sollten Sie einmal in Bremen sein.
Buchhandlung Sattler: Telefon 0421-72228
per Mail: buchhandlungsattler@t-online.de und
www.buchhandlungsattler.de